ESTÔNIO

VOCABULÁRIO

PORTUGUÊS BRASILEIRO

PORTUGUÊS
ESTÔNIO

Para alargar o seu léxico e apurar
as suas competências linguísticas

3000 palavras

Vocabulário Português Brasileiro-Estônio - 3000 palavras

Por Andrey Taranov

Os vocabulários da T&P Books destinam-se a ajudar a aprender, a memorizar, e a rever palavras estrangeiras. O dicionário é dividido em temas, cobrindo todas as principais esferas de atividades quotidianas, negócios, ciência, cultura, etc.

O processo de aprendizagem, utilizando os dicionários baseados em temáticas da T&P Books dá-lhe as seguintes vantagens:

- Informação de origem corretamente agrupada predetermina o sucesso em fases subsequentes da memorização de palavras
- Disponibilização de palavras derivadas da mesma raiz, o que permite a memorização de unidades de texto (em vez de palavras separadas)
- Pequenas unidades de palavras facilitam o processo de estabelecimento de vínculos associativos necessários para a consolidação do vocabulário
- O nível de conhecimento da língua pode ser estimado pelo número de palavras aprendidas

T&P Books Publishing
www.tpbooks.com

ISBN: 978-1-78767-446-2

Este livro também está disponível em formato E-book.
Por favor visite www.tpbooks.com ou as principais livrarias on-line.

VOCABULÁRIO ESTÔNIO
palavras mais úteis

Os vocabulários da T&P Books destinam-se a ajudar a aprender, a memorizar, e a rever palavras estrangeiras. O vocabulário contém mais de 3000 palavras de uso comum organizadas tematicamente.

O vocabulário contém as palavras mais comummente usadas
Recomendado como adicional para qualquer curso de línguas
Satisfaz as necessidades dos iniciados e dos alunos avançados de línguas estrangeiras
Conveniente para o uso diário, sessões de revisão e atividades de auto-teste
Permite avaliar o seu vocabulário

Características especias do vocabulário

* As palavras estão organizadas de acordo com o seu significado, e não por ordem alfabética
* As palavras são apresentadas em três colunas para facilitar os processos de revisão e auto-teste
* As palavras compostas são divididas em pequenos blocos para facilitar o processo de aprendizagem
* O vocabulário oferece uma transcrição simples e adequada de cada palavra estrangeira

O vocabulário contém 101 tópicos incluindo:

Conceitos básicos, Números, Cores, Meses, Estações do ano, Unidades de medida, Roupas & Acessórios, Alimentos & Nutrição, Restaurante, Membros da Família, Parentes, Caráter, Sentimentos, Emoções, Doenças, Cidade, Passeios, Compras, Dinheiro, Casa, Lar, Escritório, Trabalho no Escritório, Importação & Exportação, Marketing, Pesquisa de Emprego, Esportes, Educação, Computador, Internet, Ferramentas, Natureza, Países, Nacionalidades e muito mais ...

TABELA DE CONTEÚDOS

Guia de pronunciação   8
Abreviaturas   10

CONCEITOS BÁSICOS   11

1. Pronomes   11
2. Cumprimentos. Saudações   11
3. Questões   12
4. Preposições   12
5. Palavras funcionais. Advérbios. Parte 1   13
6. Palavras funcionais. Advérbios. Parte 2   14

NÚMEROS. DIVERSOS   16

7. Números cardinais. Parte 1   16
8. Números cardinais. Parte 2   17
9. Números ordinais   17

CORES. UNIDADES DE MEDIDA   18

10. Cores   18
11. Unidades de medida   18
12. Recipientes   19

VERBOS PRINCIPAIS   21

13. Os verbos mais importantes. Parte 1   21
14. Os verbos mais importantes. Parte 2   22
15. Os verbos mais importantes. Parte 3   23
16. Os verbos mais importantes. Parte 4   23

TEMPO. CALENDÁRIO   25

17. Dias da semana   25
18. Horas. Dia e noite   25
19. Meses. Estações   26

VIAGENS. HOTEL 29

20. Viagens 29
21. Hotel 29
22. Turismo 30

TRANSPORTES 32

23. Aeroporto 32
24. Avião 33
25. Comboio 34
26. Barco 35

CIDADE 37

27. Transportes urbanos 37
28. Cidade. Vida na cidade 38
29. Instituições urbanas 39
30. Sinais 40
31. Compras 41

VESTUÁRIO & ACESSÓRIOS 43

32. Roupa exterior. Casacos 43
33. Vestuário de homem & mulher 43
34. Vestuário. Roupa interior 44
35. Adereços de cabeça 44
36. Calçado 44
37. Acessórios pessoais 45
38. Vestuário. Diversos 45
39. Cuidados pessoais. Cosméticos 46
40. Relógios de pulso. Relógios 47

EXPERIÊNCIA DO QUOTIDIANO 48

41. Dinheiro 48
42. Correios. Serviço postal 49
43. Banca 49
44. Telefone. Conversação telefônica 50
45. Telefone móvel 51
46. Estacionário 51
47. Línguas estrangeiras 52

REFEIÇÕES. RESTAURANTE 54

48. Por a mesa 54
49. Restaurante 54
50. Refeições 54
51. Pratos cozinhados 55
52. Comida 56

53.	Bebidas	58
54.	Vegetais	59
55.	Frutos. Nozes	60
56.	Pão. Bolaria	60
57.	Especiarias	61

INFORMAÇÃO PESSOAL. FAMÍLIA — 62

58.	Informação pessoal. Formulários	62
59.	Membros da família. Parentes	62
60.	Amigos. Colegas de trabalho	63

CORPO HUMANO. MEDICINA — 65

61.	Cabeça	65
62.	Corpo humano	66
63.	Doenças	66
64.	Sintomas. Tratamentos. Parte 1	68
65.	Sintomas. Tratamentos. Parte 2	69
66.	Sintomas. Tratamentos. Parte 3	70
67.	Medicina. Drogas. Acessórios	70

APARTAMENTO — 72

68.	Apartamento	72
69.	Mobiliário. Interior	72
70.	Quarto de dormir	73
71.	Cozinha	73
72.	Casa de banho	74
73.	Eletrodomésticos	75

A TERRA. TEMPO — 76

74.	Espaço sideral	76
75.	A Terra	77
76.	Pontos cardeais	78
77.	Mar. Oceano	78
78.	Nomes de Mares e Oceanos	79
79.	Montanhas	80
80.	Nomes de montanhas	81
81.	Rios	81
82.	Nomes de rios	82
83.	Floresta	82
84.	Recursos naturais	83
85.	Tempo	84
86.	Tempo extremo. Catástrofes naturais	85

FAUNA — 87

87.	Mamíferos. Predadores	87
88.	Animais selvagens	87

89. Animais domésticos 88
90. Pássaros 89
91. Peixes. Animais marinhos 91
92. Anfíbios. Répteis 91
93. Insetos 92

FLORA 93

94. Árvores 93
95. Arbustos 93
96. Frutos. Bagas 94
97. Flores. Plantas 95
98. Cereais, grãos 96

PAÍSES DO MUNDO 97

99. Países. Parte 1 97
100. Países. Parte 2 98
101. Países. Parte 3 98

GUIA DE PRONUNCIAÇÃO

Letra	Exemplo Estônio	Alfabeto fonético T&P	Exemplo Português
a	vana	[ɑ]	chamar
aa	poutaa	[ɑ:]	rapaz
e	ema	[e]	metal
ee	Ameerika	[e:]	plateia
i	ilus	[i]	sinônimo
ii	viia	[i:]	cair
o	orav	[o]	lobo
oo	antiloop	[o:]	albatroz
u	surma	[u]	bonita
uu	arbuus	[u:]	blusa
õ	võõras	[ɔu]	chow-chow
ä	pärn	[æ]	semana
ö	köha	[ø]	orgulhoso
ü	üks	[y]	questionar

Consoantes

b	tablett	[b]	barril
d	delfiin	[d]	dentista
f	faasan	[f]	safári
g	flamingo	[g]	gosto
h	haamer	[h]	[h] aspirada
j	harjumus	[j]	Vietnã
k	helikopter	[k]	aquilo
l	ingel	[l]	libra
m	magnet	[m]	magnólia
n	nöör	[n]	natureza
p	poolsaar	[p]	presente
r	ripse	[r]	riscar
s	sõprus	[s]	sanita
š	šotlane	[ʃ]	mês
t	tantsima	[t]	tulipa
v	pilves	[ʋ]	fava
z	zookauplus	[z]	sésamo
ž [1]	žonglöör	[ʒ]	voz

Comentários

[1] apenas em estrangeirismos

ABREVIATURAS
usadas no vocabulário

Abreviaturas do Português

adj	-	adjetivo
adv	-	advérbio
anim.	-	animado
conj.	-	conjunção
desp.	-	esporte
etc.	-	Etcetera
ex.	-	por exemplo
f	-	nome feminino
f pl	-	feminino plural
fem.	-	feminino
inanim.	-	inanimado
m	-	nome masculino
m pl	-	masculino plural
m, f	-	masculino, feminino
masc.	-	masculino
mat.	-	matemática
mil.	-	militar
pl	-	plural
prep.	-	preposição
pron.	-	pronome
sb.	-	sobre
sing.	-	singular
v aux	-	verbo auxiliar
vi	-	verbo intransitivo
vi, vt	-	verbo intransitivo, transitivo
vr	-	verbo reflexivo
vt	-	verbo transitivo

CONCEITOS BÁSICOS

1. Pronomes

eu	mina	[mina]
você	sina	[sina]
ele	tema	[tema]
ela	tema	[tema]
ele, ela (neutro)	see	[se:]
nós	meie	[meje]
vocês	teie	[teje]
eles, elas	nemad	[nemat]

2. Cumprimentos. Saudações

Oi!	Tere!	[tere!]
Olá!	Tere!	[tere!]
Bom dia!	Tere hommikust!	[tere hommikusʲt!]
Boa tarde!	Tere päevast!	[tere pæəʋasʲt!]
Boa noite!	Tere õhtust!	[tere ɜhtusʲt!]
cumprimentar (vt)	teretama	[teretama]
Oi!	Tervist!	[terʋisʲt!]
saudação (f)	tervitus	[terʋitus]
saudar (vt)	tervitama	[terʋitama]
Tudo bem?	Kuidas läheb?	[kuidas lʲæheb?]
E aí, novidades?	Mis uudist?	[mis u:disʲt?]
Tchau! Até logo!	Nägemist!	[nægemisʲt!]
Até breve!	Kohtumiseni!	[kohtumiseni!]
Adeus!	Hüvasti!	[hʉʋasʲti!]
despedir-se (dizer adeus)	hüvasti jätma	[hʉʋasʲti jætma]
Até mais!	Hüva!	[hʉʋa!]
Obrigado! -a!	Aitäh!	[aitæh!]
Muito obrigado! -a!	Suur tänu!	[su:r tænu!]
De nada	Palun.	[palun]
Não tem de quê	Pole tänu väärt.	[pole tænu ʋæ:rt]
Não foi nada!	Pole tänu väärt.	[pole tænu ʋæ:rt]
Desculpa!	Vabanda!	[ʋabanda!]
Desculpe!	Vabandage!	[ʋabandage!]
desculpar (vt)	vabandama	[ʋabandama]
desculpar-se (vr)	vabandama	[ʋabandama]
Me desculpe	Minu kaastunne	[minu ka:sʲtunne]

Desculpe!	Andke andeks!	[andke andeks!]
perdoar (vt)	andeks andma	[andeks andma]
Não faz mal	Pole hullu!	[pole hulʲu]
por favor	palun	[palun]

Não se esqueça!	Pidage meeles!	[pidage me:les!]
Com certeza!	Muidugi!	[mujdugi!]
Claro que não!	Muidugi mitte!	[mujdugi mitte!]
Está bem! De acordo!	Ma olen nõus!	[ma olen nɜus!]
Chega!	Aitab küll!	[aitab kʉlʲ!]

3. Questões

Quem?	Kes?	[kes?]
O que?	Mis?	[mis?]
Onde?	Kus?	[kus?]
Para onde?	Kuhu?	[kuhu?]
De onde?	Kust?	[kusʲt?]
Quando?	Millal?	[milʲæl?]
Para quê?	Milleks?	[milʲeks?]
Por quê?	Miks?	[miks?]

Para quê?	Mille jaoks?	[milʲe jaoks?]
Como?	Kuidas?	[kuidas?]
Qual (~ é o problema?)	Missugune?	[missugune?]
Qual (~ deles?)	Mis?	[mis?]

A quem?	Kellele?	[kelʲele?]
De quem?	Kellest?	[kelʲesʲt?]
Do quê?	Millest?	[milʲesʲt?]
Com quem?	Kellega?	[kelʲega?]

Quantos? -as?	Mitu?	[mitu?]
Quanto?	Kui palju?	[kui palju?]
De quem (~ é isto?)	Kelle?	[kelʲe?]

4. Preposições

com (prep.)	koos	[ko:s]
sem (prep.)	ilma	[ilʲma]
a, para (exprime lugar)	sisse	[sisse]
sobre (ex. falar ~)	kohta	[kohta]
antes de ...	enne	[enne]
em frente de ...	ees	[e:s]

debaixo de ...	all	[alʲ]
sobre (em cima de)	kohal	[kohalʲ]
em ..., sobre ...	peal	[pealʲ]
de, do (sou ~ Rio de Janeiro)	seest	[se:sʲt]
de (feito ~ pedra)	millest tehtud	[milʲesʲt tehtut]
em (~ 3 dias)	pärast	[pærasʲt]
por cima de ...	läbi	[lʲæbi]

5. Palavras funcionais. Advérbios. Parte 1

Onde?	Kus?	[kus?]
aqui	siin	[si:n]
lá, ali	seal	[sealʲ]

em algum lugar	kuskil	[kuskilʲ]
em lugar nenhum	mitte kuskil	[mitte kuskilʲ]

perto de ...	juures	[ju:res]
perto da janela	akna juures	[akna ju:res]

Para onde?	Kuhu?	[kuhu?]
aqui	siia	[si:a]
para lá	sinna	[sinna]
daqui	siit	[si:t]
de lá, dali	sealt	[sealʲt]

perto	lähedal	[lʲæhedalʲ]
longe	kaugel	[kaugelʲ]

perto de ...	kõrval	[kɜrʋalʲ]
à mão, perto	lähedal	[lʲæhedalʲ]
não fica longe	lähedale	[lʲæhedale]

esquerdo (adj)	vasak	[ʋasak]
à esquerda	vasakul	[ʋasakulʲ]
para a esquerda	vasakule	[ʋasakule]

direito (adj)	parem	[parem]
à direita	paremal	[paremalʲ]
para a direita	paremale	[paremale]

em frente	eest	[e:sʲt]
da frente	eesmine	[e:smine]
adiante (para a frente)	edasi	[edasi]

atrás de ...	taga	[taga]
de trás	tagant	[tagant]
para trás	tagasi	[tagasi]

meio (m), metade (f)	keskkoht	[keskkoht]
no meio	keskel	[keskelʲ]

do lado	kõrvalt	[kɜrʋalʲt]
em todo lugar	igal pool	[igalʲ po:lʲ]
por todos os lados	ümberringi	[ʉmberringi]

de dentro	seest	[se:sʲt]
para algum lugar	kuhugi	[kuhugi]
diretamente	otse	[otse]
de volta	tagasi	[tagasi]

de algum lugar	kuskilt	[kuskilʲt]
de algum lugar	kuskilt	[kuskilʲt]

em primeiro lugar	esiteks	[esiteks]
em segundo lugar	teiseks	[tejseks]
em terceiro lugar	kolmandaks	[kolʲmandaks]
de repente	äkki	[ækki]
no início	alguses	[alʲguses]
pela primeira vez	esimest korda	[esimesʲt korda]
muito antes de ...	enne ...	[enne ...]
de novo	uuesti	[u:esʲti]
para sempre	päriseks	[pæriseks]
nunca	mitte kunagi	[mitte kunagi]
de novo	jälle	[jælʲe]
agora	nüüd	[nʉ:t]
frequentemente	sageli	[sageli]
então	siis	[si:s]
urgentemente	kiiresti	[ki:resʲti]
normalmente	tavaliselt	[taʋaliselʲt]
a propósito, ...	muuseas, ...	[mu:seas, ...]
é possível	võimalik	[ʋɤimalik]
provavelmente	tõenäoliselt	[tɜenæoliselʲt]
talvez	võib olla	[ʋɤib olʲæ]
além disso, ...	peale selle ...	[peale selʲe ...]
por isso ...	sellepärast	[selʲepærasʲt]
apesar de ...	... vaatamata	[... ʋa:tamata]
graças a ...	tänu ...	[tænu ...]
que (pron.)	mis	[mis]
que (conj.)	et	[et]
algo	miski	[miski]
alguma coisa	miski	[miski]
nada	mitte midagi	[mitte midagi]
quem	kes	[kes]
alguém (~ que ...)	keegi	[ke:gi]
alguém (com ~)	keegi	[ke:gi]
ninguém	mitte keegi	[mitte ke:gi]
para lugar nenhum	mitte kuhugi	[mitte kuhugi]
de ninguém	ei kellegi oma	[ej kelʲegi oma]
de alguém	kellegi oma	[kelʲegi oma]
tão	nii	[ni:]
também (gostaria ~ de ...)	samuti	[samuti]
também (~ eu)	ka	[ka]

6. Palavras funcionais. Advérbios. Parte 2

Por quê?	Miks?	[miks?]
por alguma razão	millegi pärast	[milʲegi pærasʲt]
porque ...	sest ...	[sesʲt ...]
por qualquer razão	millekski	[milʲekski]
e (tu ~ eu)	ja	[ja]

ou (ser ~ não ser)	või	[ʊɜi]
mas (porém)	kuid	[kuit]
para (~ a minha mãe)	jaoks	[jaoks]

muito, demais	liiga	[li:ga]
só, somente	ainult	[ainulʲt]
exatamente	täpselt	[tæpselʲt]
cerca de (~ 10 kg)	umbes	[umbes]

aproximadamente	ligikaudu	[ligikaudu]
aproximado (adj)	ligikaudne	[ligikaudne]
quase	peaaegu	[pea:egu]
resto (m)	ülejäänud	[ʉlejæ:nut]

o outro (segundo)	teine	[tejne]
outro (adj)	teiste	[tejsʲte]
cada (adj)	iga	[iga]
qualquer (adj)	mis tahes	[mis tahes]
muito, muitos, muitas	palju	[palju]
muitas pessoas	paljud	[paljut]
todos	kõik	[kɜik]

em troca de …	… vastu	[… ʊasʲtu]
em troca	asemele	[asemele]
à mão	käsitsi	[kæsitsi]
pouco provável	vaevalt	[ʊaeʊalʲt]

provavelmente	vist	[ʊisʲt]
de propósito	meelega	[me:lega]
por acidente	juhuslikult	[juhuslikulʲt]

muito	väga	[ʊæga]
por exemplo	näiteks	[næjteks]
entre	vahel	[ʊahelʲ]
entre (no meio de)	keskel	[keskelʲ]
tanto	niipalju	[ni:palju]
especialmente	eriti	[eriti]

NÚMEROS. DIVERSOS

7. Números cardinais. Parte 1

zero	null	[nulʲ]
um	üks	[ʉks]
dois	kaks	[kaks]
três	kolm	[kolʲm]
quatro	neli	[neli]
cinco	viis	[ʋi:s]
seis	kuus	[ku:s]
sete	seitse	[sejtse]
oito	kaheksa	[kaheksa]
nove	üheksa	[ʉheksa]
dez	kümme	[kʉmme]
onze	üksteist	[ʉksʲtejsʲt]
doze	kaksteist	[kaksʲtejsʲt]
treze	kolmteist	[kolʲmtejsʲt]
catorze	neliteist	[nelitejsʲt]
quinze	viisteist	[ʋi:sʲtejsʲt]
dezesseis	kuusteist	[ku:sʲtejsʲt]
dezessete	seitseteist	[sejtsetejsʲt]
dezoito	kaheksateist	[kaheksatejsʲt]
dezenove	üheksateist	[ʉheksatejsʲt]
vinte	kakskümmend	[kakskʉmment]
vinte e um	kakskümmend üks	[kakskʉmment ʉks]
vinte e dois	kakskümmend kaks	[kakskʉmment kaks]
vinte e três	kakskümmend kolm	[kakskʉmment kolʲm]
trinta	kolmkümmend	[kolʲmkʉmment]
trinta e um	kolmkümmend üks	[kolʲmkʉmment ʉks]
trinta e dois	kolmkümmend kaks	[kolʲmkʉmment kaks]
trinta e três	kolmkümmend kolm	[kolʲmkʉmment kolʲm]
quarenta	nelikümmend	[nelikʉmment]
quarenta e um	nelikümmend üks	[nelikʉmment ʉks]
quarenta e dois	nelikümmend kaks	[nelikʉmment kaks]
quarenta e três	nelikümmend kolm	[nelikʉmment kolʲm]
cinquenta	viiskümmend	[ʋi:skʉmment]
cinquenta e um	viiskümmend üks	[ʋi:skʉmment ʉks]
cinquenta e dois	viiskümmend kaks	[ʋi:skʉmment kaks]
cinquenta e três	viiskümmend kolm	[ʋi:skʉmment kolʲm]
sessenta	kuuskümmend	[ku:skʉmment]
sessenta e um	kuuskümmend üks	[ku:skʉmment ʉks]

| sessenta e dois | kuuskümmend kaks | [ku:skʉmment kaks] |
| sessenta e três | kuuskümmend kolm | [ku:skʉmment kolʲm] |

setenta	seitsekümmend	[sejtsekʉmment]
setenta e um	seitsekümmend üks	[sejtsekʉmment ʉks]
setenta e dois	seitsekümmend kaks	[sejtsekʉmment kaks]
setenta e três	seitsekümmend kolm	[sejtsekʉmment kolʲm]

oitenta	kaheksakümmend	[kaheksakʉmment]
oitenta e um	kaheksakümmend üks	[kaheksakʉmment ʉks]
oitenta e dois	kaheksakümmend kaks	[kaheksakʉmment kaks]
oitenta e três	kaheksakümmend kolm	[kaheksakʉmment kolʲm]

noventa	üheksakümmend	[ʉheksakʉmment]
noventa e um	üheksakümmend üks	[ʉheksakʉmment ʉks]
noventa e dois	üheksakümmend kaks	[ʉheksakʉmment kaks]
noventa e três	üheksakümmend kolm	[ʉheksakʉmment kolʲm]

8. Números cardinais. Parte 2

cem	sada	[sada]
duzentos	kakssada	[kakssada]
trezentos	kolmsada	[kolʲmsada]
quatrocentos	nelisada	[nelisada]
quinhentos	viissada	[ʋi:ssada]

seiscentos	kuussada	[ku:ssada]
setecentos	seitsesada	[sejtsesada]
oitocentos	kaheksasada	[kaheksasada]
novecentos	üheksasada	[ʉheksasada]

mil	tuhat	[tuhat]
dois mil	kaks tuhat	[kaks tuhat]
três mil	kolm tuhat	[kolʲm tuhat]
dez mil	kümme tuhat	[kʉmme tuhat]
cem mil	sada tuhat	[sada tuhat]
um milhão	miljon	[miljon]
um bilhão	miljard	[miljart]

9. Números ordinais

primeiro (adj)	esimene	[esimene]
segundo (adj)	teine	[tejne]
terceiro (adj)	kolmas	[kolʲmas]
quarto (adj)	neljas	[neljas]
quinto (adj)	viies	[ʋi:es]

sexto (adj)	kuues	[ku:es]
sétimo (adj)	seitsmes	[sejtsmes]
oitavo (adj)	kaheksas	[kaheksas]
nono (adj)	üheksas	[ʉheksas]
décimo (adj)	kümnes	[kʉmnes]

CORES. UNIDADES DE MEDIDA

10. Cores

cor (f)	värv	[ʋæru]
tom (m)	varjund	[ʋarjunt]
tonalidade (m)	toon	[to:n]
arco-íris (m)	vikerkaar	[ʋikerka:r]
branco (adj)	valge	[ʋalʲge]
preto (adj)	must	[musʲt]
cinza (adj)	hall	[halʲ]
verde (adj)	roheline	[roheline]
amarelo (adj)	kollane	[kolʲæne]
vermelho (adj)	punane	[punane]
azul (adj)	sinine	[sinine]
azul claro (adj)	helesinine	[helesinine]
rosa (adj)	roosa	[ro:sa]
laranja (adj)	oranž	[oranʒ]
violeta (adj)	violetne	[ʋioletne]
marrom (adj)	pruun	[pru:n]
dourado (adj)	kuldne	[kulʲdne]
prateado (adj)	hõbedane	[hɜbedane]
bege (adj)	beež	[be:ʒ]
creme (adj)	kreemjas	[kre:mjas]
turquesa (adj)	türkiissinine	[tʉrki:ssinine]
vermelho cereja (adj)	kirsipunane	[kirsipunane]
lilás (adj)	lilla	[lilʲæ]
carmim (adj)	vaarikpunane	[ʋa:rikpunane]
claro (adj)	hele	[hele]
escuro (adj)	tume	[tume]
vivo (adj)	erk	[erk]
de cor	värvipliiats	[ʋæruipli:ats]
a cores	värvi-	[ʋærui-]
preto e branco (adj)	must-valge	[musʲt-ʋalʲge]
unicolor (de uma só cor)	ühevärviline	[ʉheuæruiline]
multicolor (adj)	mitmevärviline	[mitmeuæruiline]

11. Unidades de medida

peso (m)	kaal	[ka:lʲ]
comprimento (m)	pikkus	[pikkus]

largura (f)	laius	[laius]
altura (f)	kõrgus	[kɜrgus]
profundidade (f)	sügavus	[sʉgaʋus]
volume (m)	maht	[maht]
área (f)	pindala	[pindala]

grama (m)	gramm	[gramm]
miligrama (m)	milligramm	[milʲigramm]
quilograma (m)	kilogramm	[kilogramm]
tonelada (f)	tonn	[tonn]
libra (453,6 gramas)	nael	[naelʲ]
onça (f)	unts	[unts]

metro (m)	meeter	[me:ter]
milímetro (m)	millimeeter	[milʲime:ter]
centímetro (m)	sentimeeter	[sentime:ter]
quilômetro (m)	kilomeeter	[kilome:ter]
milha (f)	miil	[mi:lʲ]

polegada (f)	toll	[tolʲ]
pé (304,74 mm)	jalg	[jalʲg]
jarda (914,383 mm)	jard	[jart]

| metro (m) quadrado | ruutmeeter | [ru:tme:ter] |
| hectare (m) | hektar | [hektar] |

litro (m)	liiter	[li:ter]
grau (m)	kraad	[kra:t]
volt (m)	volt	[ʋolʲt]
ampère (m)	amper	[amper]
cavalo (m) de potência	hobujõud	[hobujɜut]

quantidade (f)	hulk	[hulʲk]
um pouco de …	veidi …	[ʋejdi …]
metade (f)	pool	[po:lʲ]
dúzia (f)	tosin	[tosin]
peça (f)	tükk	[tʉkk]

| tamanho (m), dimensão (f) | suurus | [su:rus] |
| escala (f) | mastaap | [masʲta:p] |

mínimo (adj)	minimaalne	[minima:lʲne]
menor, mais pequeno	kõige väiksem	[kɜige ʋæjksem]
médio (adj)	keskmine	[keskmine]
máximo (adj)	maksimaalne	[maksima:lʲne]
maior, mais grande	kõige suurem	[kɜige su:rem]

12. Recipientes

pote (m) de vidro	klaaspurk	[kla:spurk]
lata (~ de cerveja)	plekkpurk	[plekkpurk]
balde (m)	ämber	[æmber]
barril (m)	tünn	[tʉnn]
bacia (~ de plástico)	pesukauss	[pesukauss]

tanque (m)	paak	[pa:k]
cantil (m) de bolso	plasku	[plasku]
galão (m) de gasolina	kanister	[kanisʲter]
cisterna (f)	tsistern	[tsisʲtern]
caneca (f)	kruus	[kru:s]
xícara (f)	tass	[tass]
pires (m)	alustass	[alusʲtass]
copo (m)	klaas	[kla:s]
taça (f) de vinho	veiniklaas	[ʋejnikla:s]
panela (f)	pott	[pott]
garrafa (f)	pudel	[pudelʲ]
gargalo (m)	pudelikael	[pudelikaelʲ]
jarra (f)	karahvin	[karahʋin]
jarro (m)	kann	[kann]
recipiente (m)	nõu	[nɜu]
pote (m)	pott	[pott]
vaso (m)	vaas	[ʋa:s]
frasco (~ de perfume)	pudel	[pudelʲ]
frasquinho (m)	rohupudel	[rohupudelʲ]
tubo (m)	tuub	[tu:b]
saco (ex. ~ de açúcar)	kott	[kott]
sacola (~ plastica)	kilekott	[kilekott]
maço (de cigarros, etc.)	pakk	[pakk]
caixa (~ de sapatos, etc.)	karp	[karp]
caixote (~ de madeira)	kast	[kasʲt]
cesto (m)	korv	[korʋ]

VERBOS PRINCIPAIS

13. Os verbos mais importantes. Parte 1

abrir (vt)	lahti tegema	[lahti tegema]
acabar, terminar (vt)	lõpetama	[lɜpetama]
aconselhar (vt)	soovitama	[soːʋitama]
adivinhar (vt)	ära arvama	[æra arʋama]
advertir (vt)	hoiatama	[hojatama]
ajudar (vt)	aitama	[aitama]
almoçar (vi)	lõunat sööma	[lɜunat søːma]
alugar (~ um apartamento)	üürima	[ʉːrima]
amar (pessoa)	armastama	[armasʲtama]
ameaçar (vt)	ähvardama	[æhʋardama]
anotar (escrever)	üles kirjutama	[ʉles kirjutama]
apressar-se (vr)	kiirustama	[kiːrusʲtama]
arrepender-se (vr)	kahetsema	[kahetsema]
assinar (vt)	allkirjastama	[alʲkirjasʲtama]
brincar (vi)	nalja tegema	[nalja tegema]
brincar, jogar (vi, vt)	mängima	[mæŋgima]
buscar (vt)	otsima ...	[otsima ...]
caçar (vi)	jahil käima	[jahilʲ kæjma]
cair (vi)	kukkuma	[kukkuma]
cavar (vt)	kaevama	[kaeʋama]
chamar (~ por socorro)	kutsuma	[kutsuma]
chegar (vi)	saabuma	[saːbuma]
chorar (vi)	nutma	[nutma]
começar (vt)	alustama	[alusʲtama]
comparar (vt)	võrdlema	[ʋɜrtlema]
concordar (dizer "sim")	nõustuma	[nɜusʲtuma]
confiar (vt)	usaldama	[usalʲdama]
confundir (equivocar-se)	segi ajama	[segi ajama]
conhecer (vt)	tundma	[tundma]
contar (fazer contas)	lugema	[lugema]
contar com ...	lootma ...	[loːtma ...]
continuar (vt)	jätkama	[jætkama]
controlar (vt)	kontrollima	[kontrolʲima]
convidar (vt)	kutsuma	[kutsuma]
correr (vi)	jooksma	[joːksma]
criar (vt)	looma	[loːma]
custar (vt)	maksma	[maksma]

14. Os verbos mais importantes. Parte 2

dar (vt)	andma	[andma]
dar uma dica	vihjama	[ʊihjama]
decorar (enfeitar)	ehtima	[ehtima]
defender (vt)	kaitsma	[kaitsma]
deixar cair (vt)	pillama	[pilʲæma]
descer (para baixo)	laskuma	[laskuma]
desculpar (vt)	vabandama	[ʊabandama]
desculpar-se (vr)	vabandama	[ʊabandama]
dirigir (~ uma empresa)	juhtima	[juhtima]
discutir (notícias, etc.)	arutama	[arutama]
disparar, atirar (vi)	tulistama	[tulisʲtama]
dizer (vt)	ütlema	[ʉtlema]
duvidar (vt)	kahtlema	[kahtlema]
encontrar (achar)	leidma	[lejdma]
enganar (vt)	petma	[petma]
entender (vt)	aru saama	[aru saːma]
entrar (na sala, etc.)	sisse tulema	[sisse tulema]
enviar (uma carta)	saatma	[saːtma]
errar (enganar-se)	eksima	[eksima]
escolher (vt)	valima	[ʊalima]
esconder (vt)	peitma	[pejtma]
escrever (vt)	kirjutama	[kirjutama]
esperar (aguardar)	ootama	[oːtama]
esperar (ter esperança)	lootma	[loːtma]
esquecer (vt)	unustama	[unusʲtama]
estudar (vt)	uurima	[uːrima]
exigir (vt)	nõudma	[nɜudma]
existir (vi)	olemas olema	[olemas olema]
explicar (vt)	seletama	[seletama]
falar (vi)	rääkima	[ræːkima]
faltar (a la escuela, etc.)	puuduma	[puːduma]
fazer (vt)	tegema	[tegema]
ficar em silêncio	vaikima	[ʊaikima]
gabar-se (vr)	kiitlema	[kiːtlema]
gostar (apreciar)	meeldima	[meːlʲdima]
gritar (vi)	karjuma	[karjuma]
guardar (fotos, etc.)	säilitama	[sæjlitama]
informar (vt)	teavitama	[teaʊitama]
insistir (vi)	nõudma	[nɜudma]
insultar (vt)	solvama	[solʲʊama]
interessar-se (vr)	huvi tundma	[huʊi tundma]
ir (a pé)	minema	[minema]
ir nadar	suplema	[suplema]
jantar (vi)	õhtust sööma	[ɜhtusʲt søːma]

15. Os verbos mais importantes. Parte 3

ler (vt)	lugema	[lugema]
libertar, liberar (vt)	vabastama	[ʋabasˈtama]
matar (vt)	tapma	[tapma]
mencionar (vt)	meelde tuletama	[me:lʲde tuletama]
mostrar (vt)	näitama	[næjtama]
mudar (modificar)	muutma	[muːtma]
nadar (vi)	ujuma	[ujuma]
negar-se a ... (vr)	keelduma	[ke:lʲduma]
objetar (vt)	vastu vaidlema	[ʋasˈtu ʋaitlema]
observar (vt)	jälgima	[jælʲgima]
ordenar (mil.)	käskima	[kæskima]
ouvir (vt)	kuulma	[ku:lʲma]
pagar (vt)	maksma	[maksma]
parar (vi)	peatuma	[peatuma]
parar, cessar (vt)	katkestama	[katkesˈtama]
participar (vi)	osa võtma	[osa ʋɔtma]
pedir (comida, etc.)	tellima	[telʲima]
pedir (um favor, etc.)	paluma	[paluma]
pegar (tomar)	võtma	[ʋɔtma]
pegar (uma bola)	püüdma	[pʉːdma]
pensar (vi, vt)	mõtlema	[mɔtlema]
perceber (ver)	märkama	[mærkama]
perdoar (vt)	andeks andma	[andeks andma]
perguntar (vt)	küsima	[kʉsima]
permitir (vt)	lubama	[lubama]
pertencer a ... (vi)	kuuluma	[ku:luma]
planejar (vt)	planeerima	[plane:rima]
poder (~ fazer algo)	võima	[ʋɔima]
possuir (uma casa, etc.)	valdama	[ʋalʲdama]
preferir (vt)	eelistama	[e:lisˈtama]
preparar (vt)	süüa tegema	[sʉːa tegema]
prever (vt)	ette nägema	[ette nægema]
prometer (vt)	lubama	[lubama]
pronunciar (vt)	hääldama	[hæːlʲdama]
propor (vt)	pakkuma	[pakkuma]
punir (castigar)	karistama	[karisˈtama]
quebrar (vt)	murdma	[murdma]
queixar-se de ...	kaebama	[kaebama]
querer (desejar)	tahtma	[tahtma]

16. Os verbos mais importantes. Parte 4

ralhar, repreender (vt)	sõimama	[sɔimama]
recomendar (vt)	soovitama	[so:ʋitama]

repetir (dizer outra vez)	kordama	[kordama]
reservar (~ um quarto)	reserveerima	[reserʋe:rima]
responder (vt)	vastama	[ʋasˈtama]
rezar, orar (vi)	palvetama	[palʲʋetama]
rir (vi)	naêrma	[naerma]
roubar (vt)	varastama	[ʋarasˈtama]
saber (vt)	teadma	[teadma]
sair (~ de casa)	välja tulema	[ʋælja tulema]
salvar (resgatar)	päästma	[pæ:sˈtma]
seguir (~ alguém)	järgnema ...	[jærgnema ...]
sentar-se (vr)	istuma	[isˈtuma]
ser necessário	tarvis olema	[tarʋis olema]
ser, estar	olema	[olema]
significar (vt)	tähendama	[tæhendama]
sorrir (vi)	naeratama	[naeratama]
subestimar (vt)	alahindama	[alahindama]
surpreender-se (vr)	imestama	[imesˈtama]
tentar (~ fazer)	proovima	[pro:ʋima]
ter (vt)	omama	[omama]
ter fome	süüa tahtma	[sʉ:a tahtma]
ter medo	kartma	[kartma]
ter sede	juua tahtma	[ju:a tahtma]
tocar (com as mãos)	puudutama	[pu:dutama]
tomar café da manhã	hommikust sööma	[hommikusʲt sø:ma]
trabalhar (vi)	töötama	[tø:tama]
traduzir (vt)	tõlkima	[tɜlʲkima]
unir (vt)	ühendama	[ʉhendama]
vender (vt)	müüma	[mʉ:ma]
ver (vt)	nägema	[nægema]
virar (~ para a direita)	pöörama	[pø:rama]
voar (vi)	lendama	[lendama]

TEMPO. CALENDÁRIO

17. Dias da semana

segunda-feira (f)	esmaspäev	[esmaspæəʊ]
terça-feira (f)	teisipäev	[tejsipæəʊ]
quarta-feira (f)	kolmapäev	[kolʲmapæəʊ]
quinta-feira (f)	neljapäev	[neljapæəʊ]
sexta-feira (f)	reede	[re:de]
sábado (m)	laupäev	[laupæəʊ]
domingo (m)	pühapäev	[pʉhapæəʊ]
hoje	täna	[tæna]
amanhã	homme	[homme]
depois de amanhã	ülehomme	[ʉlehomme]
ontem	eile	[ejle]
anteontem	üleeile	[ʉle:jle]
dia (m)	päev	[pæəʊ]
dia (m) de trabalho	tööpäev	[tø:pæəʊ]
feriado (m)	pidupäev	[pidupæəʊ]
dia (m) de folga	puhkepäev	[puhkepæəʊ]
fim (m) de semana	nädalavahetus	[nædalaʊahetus]
o dia todo	terve päev	[terʊe pæəʊ]
no dia seguinte	järgmiseks päevaks	[jærgmiseks pæəʊaks]
há dois dias	kaks päeva tagasi	[kaks pæəʊa tagasi]
na véspera	eile õhtul	[ejle ɜhtulʲ]
diário (adj)	igapäevane	[igapæəʊane]
todos os dias	iga päev	[iga pæəʊ]
semana (f)	nädal	[nædalʲ]
na semana passada	möödunud nädalal	[mø:dunut nædalalʲ]
semana que vem	järgmisel nädalal	[jærgmiselʲ nædalalʲ]
semanal (adj)	iganädalane	[iganædalane]
toda semana	igal nädalal	[igalʲ nædalalʲ]
duas vezes por semana	kaks korda nädalas	[kaks korda nædalas]
toda terça-feira	igal teisipäeval	[igalʲ tejsipæəʊalʲ]

18. Horas. Dia e noite

manhã (f)	hommik	[hommik]
de manhã	hommikul	[hommikulʲ]
meio-dia (m)	keskpäev	[keskpæəʊ]
à tarde	pärast lõunat	[pærasʲt lɜunat]
tardinha (f)	õhtu	[ɜhtu]
à tardinha	õhtul	[ɜhtulʲ]

noite (f)	öö	[ø:]
à noite	öösel	[ø:selʲ]
meia-noite (f)	keskÖö	[keskø:]
segundo (m)	sekund	[sekunt]
minuto (m)	minut	[minut]
hora (f)	tund	[tunt]
meia hora (f)	pool tundi	[po:lʲ tundi]
quarto (m) de hora	veerand tundi	[ʋe:rant tundi]
quinze minutos	viisteist minutit	[ʋi:sʲtejsʲt minutit]
vinte e quatro horas	ööpäev	[ø:pæəʋ]
nascer (m) do sol	päikesetÕus	[pæjkesetɜus]
amanhecer (m)	koit	[kojt]
madrugada (f)	varahommik	[ʋarahommik]
pôr-do-sol (m)	loojang	[lo:jang]
de madrugada	hommikul vara	[hommikulʲ ʋara]
esta manhã	täna hommikul	[tæna hommikulʲ]
amanhã de manhã	homme hommikul	[homme hommikulʲ]
esta tarde	täna päeval	[tæna pæəʋalʲ]
à tarde	pärast lÕunat	[pærasʲt lɜunat]
amanhã à tarde	homme pärast lÕunat	[homme pærasʲt lɜunat]
esta noite, hoje à noite	täna Õhtul	[tæna ɜhtulʲ]
amanhã à noite	homme Õhtul	[homme ɜhtulʲ]
às três horas em ponto	täpselt kell kolm	[tæpselʲt kelʲ kolʲm]
por volta das quatro	umbes kell neli	[umbes kelʲ neli]
às doze	kella kaheteistkümneks	[kelʲæ kahetejsʲtkɯmneks]
em vinte minutos	kahekümne minuti pärast	[kahekɯmne minuti pærasʲt]
em uma hora	tunni aja pärast	[tunni aja pærasʲt]
a tempo	Õigeks ajaks	[ɜigeks ajaks]
... um quarto para	kolmveerand	[kolʲmʋe:rant]
dentro de uma hora	tunni aja jooksul	[tunni aja jo:ksulʲ]
a cada quinze minutos	iga viieteist minuti tagant	[iga ʋi:etejsʲt minuti tagant]
as vinte e quatro horas	terve ööpäev	[terʋe ø:pæəʋ]

19. Meses. Estações

janeiro (m)	jaanuar	[ja:nuar]
fevereiro (m)	veebruar	[ʋe:bruar]
março (m)	märts	[mærts]
abril (m)	aprill	[aprilʲ]
maio (m)	mai	[mai]
junho (m)	juuni	[ju:ni]
julho (m)	juuli	[ju:li]
agosto (m)	august	[augusʲt]
setembro (m)	september	[september]
outubro (m)	oktoober	[okto:ber]

novembro (m)	november	[nouember]
dezembro (m)	detsember	[detsember]
primavera (f)	kevad	[keuat]
na primavera	kevadel	[keuadelʲ]
primaveril (adj)	kevadine	[keuadine]
verão (m)	suvi	[suui]
no verão	suvel	[suuelʲ]
de verão	suvine	[suuine]
outono (m)	sügis	[sɤgis]
no outono	sügisel	[sɤgiselʲ]
outonal (adj)	sügisene	[sɤgisene]
inverno (m)	talv	[talʲu]
no inverno	talvel	[talʲuelʲ]
de inverno	talvine	[talʲuine]
mês (m)	kuu	[ku:]
este mês	selles kuus	[selʲes ku:s]
mês que vem	järgmises kuus	[jærgmises ku:s]
no mês passado	möödunud kuus	[mø:dunut ku:s]
um mês atrás	kuu aega tagasi	[ku: aega tagasi]
em um mês	kuu aja pärast	[ku: aja pærasʲt]
em dois meses	kahe kuu pärast	[kahe ku: pærasʲt]
todo o mês	terve kuu	[terue ku:]
um mês inteiro	terve kuu	[terue ku:]
mensal (adj)	igakuine	[igakuine]
mensalmente	igas kuus	[igas ku:s]
todo mês	iga kuu	[iga ku:]
duas vezes por mês	kaks korda kuus	[kaks korda ku:s]
ano (m)	aasta	[a:sʲta]
este ano	sel aastal	[selʲ a:sʲtalʲ]
ano que vem	järgmisel aastal	[jærgmiselʲ a:sʲtalʲ]
no ano passado	möödunud aastal	[mø:dunut a:sʲtalʲ]
há um ano	aasta tagasi	[a:sʲta tagasi]
em um ano	aasta pärast	[a:sʲta pærasʲt]
dentro de dois anos	kahe aasta pärast	[kahe a:sʲta pærasʲt]
todo o ano	kogu aasta	[kogu a:sʲta]
um ano inteiro	terve aasta	[terue a:sʲta]
cada ano	igal aastal	[igalʲ a:sʲtalʲ]
anual (adj)	iga-aastane	[iga-a:sʲtane]
anualmente	igal aastal	[igalʲ a:sʲtalʲ]
quatro vezes por ano	neli korda aastas	[neli korda a:sʲtas]
data (~ de hoje)	kuupäev	[ku:pæəu]
data (ex. ~ de nascimento)	kuupäev	[ku:pæəu]
calendário (m)	kalender	[kalender]
meio ano	pool aastat	[po:lʲ a:sʲtat]
seis meses	poolaasta	[po:la:sʲta]

27

| estação (f) | **hooaeg** | [ho:aeg] |
| século (m) | **sajand** | [sajant] |

VIAGENS. HOTEL

20. Viagens

turismo (m)	turism	[turism]
turista (m)	turist	[turisʲt]
viagem (f)	reis	[rejs]
aventura (f)	seiklus	[sejklus]
percurso (curta viagem)	sõit	[sɔit]
férias (f pl)	puhkus	[puhkus]
estar de férias	puhkusel olema	[puhkuselʲ olema]
descanso (m)	puhkus	[puhkus]
trem (m)	rong	[rong]
de trem (chegar ~)	rongiga	[rongiga]
avião (m)	lennuk	[lennuk]
de avião	lennukiga	[lennukiga]
de carro	autoga	[autoga]
de navio	laevaga	[laeʋaga]
bagagem (f)	pagas	[pagas]
mala (f)	kohver	[kohʋer]
carrinho (m)	pagasikäru	[pagasikæru]
passaporte (m)	pass	[pass]
visto (m)	viisa	[ʋi:sa]
passagem (f)	pilet	[pilet]
passagem (f) aérea	lennukipilet	[lennukipilet]
guia (m) de viagem	teejuht	[te:juht]
mapa (m)	kaart	[ka:rt]
área (f)	ala	[ala]
lugar (m)	koht	[koht]
exotismo (m)	eksootika	[ekso:tika]
exótico (adj)	eksootiline	[ekso:tiline]
surpreendente (adj)	üllatav	[ɯlʲætaʋ]
grupo (m)	grupp	[grupp]
excursão (f)	ekskursioon	[ekskursio:n]
guia (m)	ekskursioonijuht	[ekskursio:nijuht]

21. Hotel

hotel (m)	võõrastemaja	[ʋɜ:rasʲtemaja]
hospedaria (f)	hotell	[hotelʲ]
motel (m)	motell	[motelʲ]

três estrelas	kolm tärni	[kolⁱm tærni]
cinco estrelas	viis tärni	[ʋi:s tærni]
ficar (vi, vt)	peatuma	[peatuma]

quarto (m)	number	[number]
quarto (m) individual	üheinimesetuba	[ʉhejnimesetuba]
quarto (m) duplo	kaheinimesetuba	[kahejnimesetuba]
reservar um quarto	tuba kinni panema	[tuba kinni panema]

meia pensão (f)	poolpansion	[po:lⁱpansion]
pensão (f) completa	täispansion	[tæjspansion]
com banheira	vannitoaga	[ʋannitoaga]
com chuveiro	dušiga	[duʃiga]
televisão (m) por satélite	satelliittelevisioon	[satelⁱi:tteleʋisio:n]
ar (m) condicionado	konditsioneer	[konditsione:r]
toalha (f)	käterätik	[kæterætik]
chave (f)	võti	[ʋɜti]

administrador (m)	administraator	[adminisⁱtra:tor]
camareira (f)	toatüdruk	[toatʉdruk]
bagageiro (m)	pakikandja	[pakikandja]
porteiro (m)	uksehoidja	[uksehojdja]

restaurante (m)	restoran	[resⁱtoran]
bar (m)	baar	[ba:r]
café (m) da manhã	hommikusöök	[hommikusø:k]
jantar (m)	õhtusöök	[ɜhtusø:k]
bufê (m)	rootsi laud	[ro:tsi laut]

saguão (m)	vestibüül	[ʋesⁱtibʉ:lⁱ]
elevador (m)	lift	[lift]

NÃO PERTURBE	MITTE SEGADA	[mitte segada]
PROIBIDO FUMAR!	MITTE SUITSETADA!	[mitte suitsetada!]

22. Turismo

monumento (m)	mälestussammas	[mælesⁱtussammas]
fortaleza (f)	kindlus	[kintlus]
palácio (m)	loss	[loss]
castelo (m)	loss	[loss]
torre (f)	torn	[torn]
mausoléu (m)	mausoleum	[mausoleum]

arquitetura (f)	arhitektuur	[arhitektu:r]
medieval (adj)	keskaegne	[keskaegne]
antigo (adj)	vanaaegne	[ʋana:egne]
nacional (adj)	rahvuslik	[rahʋuslik]
famoso, conhecido (adj)	tuntud	[tuntut]

turista (m)	turist	[turisⁱt]
guia (pessoa)	giid	[gi:t]
excursão (f)	ekskursioon	[ekskursio:n]
mostrar (vt)	näitama	[næjtama]

contar (vt)	**jutustama**	[jutusʲtama]
encontrar (vt)	**leidma**	[lejdma]
perder-se (vr)	**ära kaduma**	[æra kaduma]
mapa (~ do metrô)	**skeem**	[ske:m]
mapa (~ da cidade)	**plaan**	[pla:n]
lembrança (f), presente (m)	**suveniir**	[suʋeni:r]
loja (f) de presentes	**suveniirikauplus**	[suʋeni:rikauplus]
tirar fotos, fotografar	**pildistama**	[pilʲdisʲtama]
fotografar-se (vr)	**laskma pildistada**	[laskma pilʲdisʲtada]

TRANSPORTES

23. Aeroporto

aeroporto (m)	lennujaam	[lennuja:m]
avião (m)	lennuk	[lennuk]
companhia (f) aérea	lennukompanii	[lennukompani:]
controlador (m) de tráfego aéreo	dispetšer	[dispetʃer]

partida (f)	väljalend	[ʋælʲalent]
chegada (f)	saabumine	[sa:bumine]
chegar (vi)	saabuma	[sa:buma]

hora (f) de partida	väljalennuaeg	[ʋælʲalennuaeg]
hora (f) de chegada	saabumisaeg	[sa:bumisaeg]

estar atrasado	hilinema	[hilinema]
atraso (m) de voo	väljalend hilineb	[ʋælʲalent hilineb]

painel (m) de informação	teadetetabloo	[teadetetablo:]
informação (f)	teave	[teaʋe]
anunciar (vt)	teatama	[teatama]
voo (m)	reis	[rejs]

alfândega (f)	toll	[tolʲ]
funcionário (m) da alfândega	tolliametnik	[tolʲiametnik]

declaração (f) alfandegária	deklaratsioon	[deklaratsio:n]
preencher (vt)	täitma	[tæjtma]
preencher a declaração	deklaratsiooni täitma	[deklaratsio:ni tæjtma]
controle (m) de passaporte	passikontroll	[passikontrolʲ]

bagagem (f)	pagas	[pagas]
bagagem (f) de mão	käsipakid	[kæsipakit]
carrinho (m)	pagasikäru	[pagasikæru]

pouso (m)	maandumine	[ma:ndumine]
pista (f) de pouso	maandumisrada	[ma:ndumisrada]
aterrissar (vi)	maanduma	[ma:nduma]
escada (f) de avião	lennukitrepp	[lennukitrepp]

check-in (m)	registreerimine	[regisʲtre:rimine]
balcão (m) do check-in	registreerimiselett	[regisʲtre:rimiselett]
fazer o check-in	registreerima	[regisʲtre:rima]
cartão (m) de embarque	lennukissemineku talong	[lennukissemineku talong]
portão (m) de embarque	lennukisse minek	[lennukisse minek]

trânsito (m)	transiit	[transi:t]
esperar (vi, vt)	ootama	[o:tama]

sala (f) de espera	ooteruum	[o:teru:m]
despedir-se (acompanhar)	saatma	[sa:tma]
despedir-se (dizer adeus)	hüvasti jätma	[huʋasˈti jætma]

24. Avião

avião (m)	lennuk	[lennuk]
passagem (f) aérea	lennukipilet	[lennukipilet]
companhia (f) aérea	lennukompanii	[lennukompani:]
aeroporto (m)	lennujaam	[lennuja:m]
supersônico (adj)	ülehelikiiruse	[uleheliki:ruse]

comandante (m) do avião	lennukikomandör	[lennukikomandør]
tripulação (f)	meeskond	[me:skont]
piloto (m)	piloot	[pilo:t]
aeromoça (f)	stjuardess	[sˈtjuardess]
copiloto (m)	tüürimees	[tu:rime:s]

asas (f pl)	tiivad	[ti:ʋat]
cauda (f)	saba	[saba]
cabine (f)	kabiin	[kabi:n]
motor (m)	mootor	[mo:tor]

trem (m) de pouso	telik	[telik]
turbina (f)	turbiin	[turbi:n]

hélice (f)	propeller	[propelˈer]
caixa-preta (f)	must kast	[musˈt kasˈt]

coluna (f) de controle	tüür	[tu:r]
combustível (m)	kütus	[kutus]

instruções (f pl) de segurança	instruktsioon	[insˈtruktsio:n]
máscara (f) de oxigênio	hapnikumask	[hapnikumask]
uniforme (m)	vormiriietus	[ʋormiri:etus]

colete (m) salva-vidas	päästevest	[pæ:sˈteʋesˈt]
paraquedas (m)	langevari	[langeʋari]

decolagem (f)	õhkutõusmine	[ɜhkutɜusmine]
descolar (vi)	õhku tõusma	[ɜhku tɜusma]
pista (f) de decolagem	tõusurada	[tɜusurada]

visibilidade (f)	nähtavus	[næhtaʋus]
voo (m)	lend	[lent]

altura (f)	kõrgus	[kɜrgus]
poço (m) de ar	õhuauk	[ɜhuauk]

assento (m)	koht	[koht]
fone (m) de ouvido	kõrvaklapid	[kɜrʋaklapit]
mesa (f) retrátil	klapplaud	[klapplaut]
janela (f)	illuminaator	[ilˈumina:tor]
corredor (m)	vahekäik	[ʋahekæjk]

25. Comboio

trem (m)	rong	[rong]
trem (m) elétrico	elektrirong	[elektrirong]
trem (m)	kiirrong	[ki:rrong]
locomotiva (f) diesel	mootorvedur	[mo:toruedur]
locomotiva (f) a vapor	auruvedur	[auruuedur]
vagão (f) de passageiros	vagun	[uagun]
vagão-restaurante (m)	restoranvagun	[resitoranuagun]
carris (m pl)	rööpad	[rø:pat]
estrada (f) de ferro	raudtee	[raudte:]
travessa (f)	liiper	[li:per]
plataforma (f)	platvorm	[platuorm]
linha (f)	tee	[te:]
semáforo (m)	semafor	[semafor]
estação (f)	jaam	[ja:m]
maquinista (m)	vedurijuht	[uedurijuht]
bagageiro (m)	pakikandja	[pakikandja]
hospedeiro, -a (m, f)	vagunisaatja	[uagunisa:tja]
passageiro (m)	reisija	[rejsija]
revisor (m)	kontrolör	[kontrolør]
corredor (m)	koridor	[koridor]
freio (m) de emergência	hädapidur	[hædapidur]
compartimento (m)	kupee	[kupe:]
cama (f)	nari	[nari]
cama (f) de cima	ülemine nari	[ʉlemine nari]
cama (f) de baixo	alumine nari	[alumine nari]
roupa (f) de cama	voodipesu	[uo:dipesu]
passagem (f)	pilet	[pilet]
horário (m)	sõiduplaan	[sɜidupla:n]
painel (m) de informação	tabloo	[tablo:]
partir (vt)	väljuma	[uæljuma]
partida (f)	väljumine	[uæljumine]
chegar (vi)	saabuma	[sa:buma]
chegada (f)	saabumine	[sa:bumine]
chegar de trem	rongiga saabuma	[rongiga sa:buma]
pegar o trem	rongile minema	[rongile minema]
descer de trem	rongilt maha minema	[rongilit maha minema]
acidente (m) ferroviário	rongiõnnetus	[rongiɜnnetus]
descarrilar (vi)	rööbastelt maha jooksma	[rø:basitelit maha jo:ksma]
locomotiva (f) a vapor	auruvedur	[auruuedur]
foguista (m)	kütja	[kʉtja]
fornalha (f)	kolle	[kolie]
carvão (m)	süsi	[sʉsi]

26. Barco

navio (m)	laev	[laeʋ]
embarcação (f)	laev	[laeʋ]
barco (m) a vapor	aurik	[aurik]
barco (m) fluvial	mootorlaev	[moːtorlaeʋ]
transatlântico (m)	liinilaev	[liːnilaeʋ]
cruzeiro (m)	ristleja	[risʲtleja]
iate (m)	jaht	[jaht]
rebocador (m)	puksiir	[puksiːr]
barcaça (f)	lodi	[lodi]
ferry (m)	parvlaev	[parʋlaeʋ]
veleiro (m)	purjelaev	[purjelaeʋ]
bergantim (m)	brigantiin	[brigantiːn]
quebra-gelo (m)	jäälõhkuja	[jæːlɜhkuja]
submarino (m)	allveelaev	[alʲʋeːlaeʋ]
bote, barco (m)	paat	[paːt]
baleeira (bote salva-vidas)	luup	[luːp]
bote (m) salva-vidas	päästepaat	[pæːsʲtepaːt]
lancha (f)	kaater	[kaːter]
capitão (m)	kapten	[kapten]
marinheiro (m)	madrus	[madrus]
marujo (m)	meremees	[meremeːs]
tripulação (f)	meeskond	[meːskont]
contramestre (m)	pootsman	[poːtsman]
grumete (m)	junga	[junga]
cozinheiro (m) de bordo	kokk	[kokk]
médico (m) de bordo	laevaarst	[laeʋaːrsʲt]
convés (m)	tekk	[tekk]
mastro (m)	mast	[masʲt]
vela (f)	puri	[puri]
porão (m)	trümm	[trʉmm]
proa (f)	vöör	[ʋøːr]
popa (f)	ahter	[ahter]
remo (m)	aer	[aer]
hélice (f)	kruvi	[kruʋi]
cabine (m)	kajut	[kajut]
sala (f) dos oficiais	ühiskajut	[ʉhiskajut]
sala (f) das máquinas	masinaruum	[masinaruːm]
ponte (m) de comando	kaptenisild	[kaptenisilʲt]
sala (f) de comunicações	raadiosõlm	[raːdiosɜlʲm]
onda (f)	raadiolaine	[raːdiolaine]
diário (m) de bordo	logiraamat	[logiraːmat]
luneta (f)	pikksilm	[pikksilʲm]
sino (m)	kirikukell	[kirikukelʲ]

bandeira (f)	**lipp**	[lipp]
cabo (m)	**köis**	[køis]
nó (m)	**sõlm**	[s3lʲm]
corrimão (m)	**käsipuu**	[kæsipu:]
prancha (f) de embarque	**trapp**	[trapp]
âncora (f)	**ankur**	[ankur]
recolher a âncora	**ankur sisse**	[ankur sisse]
jogar a âncora	**ankur välja**	[ankur ʋælja]
amarra (corrente de âncora)	**ankrukett**	[ankrukett]
porto (m)	**sadam**	[sadam]
cais, amarradouro (m)	**sadam**	[sadam]
atracar (vi)	**randuma**	[randuma]
desatracar (vi)	**kaldast eemalduma**	[kalʲdasʲt e:malʲduma]
viagem (f)	**reis**	[rejs]
cruzeiro (m)	**kruiis**	[krui:s]
rumo (m)	**kurss**	[kurss]
itinerário (m)	**marsruut**	[marsru:t]
canal (m) de navegação	**laevasõidutee**	[laeʋas3idute:]
banco (m) de areia	**madalik**	[madalik]
encalhar (vt)	**madalikule jääma**	[madalikule jæ:ma]
tempestade (f)	**torm**	[torm]
sinal (m)	**signaal**	[signa:lʲ]
afundar-se (vr)	**uppuma**	[uppuma]
Homem ao mar!	**Mees üle parda!**	[me:s ule parda!]
SOS	**SOS**	[sos]
boia (f) salva-vidas	**päästerõngas**	[pæ:sʲter3ngas]

CIDADE

27. Transportes urbanos

ônibus (m)	buss	[buss]
bonde (m) elétrico	tramm	[tramm]
trólebus (m)	troll	[trolʲ]
rota (f), itinerário (m)	marsruut	[marsru:t]
número (m)	number	[number]
ir de ... (carro, etc.)	... sõitma	[... sɜitma]
entrar no ...	sisenema	[sisenema]
descer do ...	maha minema	[maha minema]
parada (f)	peatus	[peatus]
próxima parada (f)	järgmine peatus	[jærgmine peatus]
terminal (m)	lõpp-peatus	[lɜpp-peatus]
horário (m)	sõiduplaan	[sɜidupla:n]
esperar (vt)	ootama	[o:tama]
passagem (f)	pilet	[pilet]
tarifa (f)	pileti hind	[pileti hint]
bilheteiro (m)	kassiir	[kassi:r]
controle (m) de passagens	piletikontroll	[piletikontrolʲ]
revisor (m)	kontrolör	[kontrolør]
atrasar-se (vr)	hilinema	[hilinema]
perder (o autocarro, etc.)	hiljaks jääma	[hiljaks jæ:ma]
estar com pressa	ruttama	[ruttama]
táxi (m)	takso	[takso]
taxista (m)	taksojuht	[taksojuht]
de táxi (ir ~)	taksoga	[taksoga]
ponto (m) de táxis	taksopeatus	[taksopeatus]
chamar um táxi	taksot välja kutsuma	[taksot uælja kutsuma]
pegar um táxi	taksot võtma	[taksot uɜtma]
tráfego (m)	tänavaliiklus	[tænauali:klus]
engarrafamento (m)	liiklusummik	[li:klusummik]
horas (f pl) de pico	tipptund	[tipptunt]
estacionar (vi)	parkima	[parkima]
estacionar (vt)	parkima	[parkima]
parque (m) de estacionamento	parkla	[parkla]
metrô (m)	metroo	[metro:]
estação (f)	jaam	[ja:m]
ir de metrô	metrooga sõitma	[metro:ga sɜitma]
trem (m)	rong	[rong]
estação (f) de trem	raudteejaam	[raudteːjaːm]

28. Cidade. Vida na cidade

cidade (f)	linn	[linn]
capital (f)	pealinn	[pealinn]
aldeia (f)	küla	[kʉla]
mapa (m) da cidade	linnaplaan	[linnapla:n]
centro (m) da cidade	kesklinn	[kesklinn]
subúrbio (m)	linnalähedane asula	[linnalʲæhedane asula]
suburbano (adj)	linnalähedane	[linnalʲæhedane]
periferia (f)	äärelinn	[æ:relinn]
arredores (m pl)	ümbrus	[ʉmbrus]
quarteirão (m)	kvartal	[kʋartalʲ]
quarteirão (m) residencial	elamukvartal	[elamukʋartalʲ]
tráfego (m)	liiklus	[li:klus]
semáforo (m)	valgusfoor	[ʋalʲgusfo:r]
transporte (m) público	linnatransport	[linnatransport]
cruzamento (m)	ristmik	[risʲtmik]
faixa (f)	ülekäik	[ʉlekæjk]
túnel (m) subterrâneo	jalakäijate tunnel	[jalakæjjate tunnelʲ]
cruzar, atravessar (vt)	üle tänava minema	[ʉle tænaʋa minema]
pedestre (m)	jalakäija	[jalakæjja]
calçada (f)	kõnnitee	[kɜnnite:]
ponte (f)	sild	[silʲt]
margem (f) do rio	kaldapealne	[kalʲdapealʲne]
fonte (f)	purskkaev	[purskkaeʋ]
alameda (f)	allee	[alʲe:]
parque (m)	park	[park]
bulevar (m)	puiestee	[puiesʲte:]
praça (f)	väljak	[ʋæljak]
avenida (f)	prospekt	[prospekt]
rua (f)	tänav	[tænaʋ]
travessa (f)	põiktänav	[pɜiktænaʋ]
beco (m) sem saída	umbtänav	[umbtænaʋ]
casa (f)	maja	[maja]
edifício, prédio (m)	hoone	[ho:ne]
arranha-céu (m)	pilvelõhkuja	[pilʲʋelɜhkuja]
fachada (f)	fassaad	[fassa:t]
telhado (m)	katus	[katus]
janela (f)	aken	[aken]
arco (m)	võlv	[ʋɜlʲʋ]
coluna (f)	sammas	[sammas]
esquina (f)	nurk	[nurk]
vitrine (f)	vaateaken	[ʋa:teaken]
letreiro (m)	silt	[silʲt]
cartaz (do filme, etc.)	kuulutus	[ku:lutus]
cartaz (m) publicitário	reklaamiplakat	[rekla:miplakat]

painel (m) publicitário	reklaamikilp	[rekla:mikilⁱp]
lixo (m)	prügi	[prʉgi]
lata (f) de lixo	prügiurn	[prʉgiurn]
jogar lixo na rua	prahti maha viskama	[prahti maha ʋiskama]
aterro (m) sanitário	prügimägi	[prʉgimægi]

orelhão (m)	telefoniputka	[telefoniputka]
poste (m) de luz	laternapost	[laternaposⁱt]
banco (m)	pink	[pink]

polícia (m)	politseinik	[politsejnik]
polícia (instituição)	politsei	[politsej]
mendigo, pedinte (m)	kerjus	[kerjus]
desabrigado (m)	pätt	[pætt]

29. Instituições urbanas

loja (f)	kauplus	[kauplus]
drogaria (f)	apteek	[apte:k]
ótica (f)	optika	[optika]
centro (m) comercial	kaubanduskeskus	[kaubanduskeskus]
supermercado (m)	supermarket	[supermarket]

padaria (f)	leivapood	[lejʋapo:t]
padeiro (m)	pagar	[pagar]
pastelaria (f)	kondiitripood	[kondi:tripo:t]
mercearia (f)	toidupood	[tojdupo:t]
açougue (m)	lihakarn	[lihakarn]

fruteira (f)	juurviljapood	[ju:rʋiljapo:t]
mercado (m)	turg	[turg]

cafeteria (f)	kohvik	[kohʋik]
restaurante (m)	restoran	[resⁱtoran]
bar (m)	õllebaar	[ɜlⁱeba:r]
pizzaria (f)	pitsabaar	[pitsaba:r]

salão (m) de cabeleireiro	juuksurisalong	[ju:ksurisalong]
agência (f) dos correios	postkontor	[posⁱtkontor]
lavanderia (f)	keemiline puhastus	[ke:miline puhasⁱtus]
estúdio (m) fotográfico	fotoateljee	[fotoatelje:]

sapataria (f)	kingapood	[kingapo:t]
livraria (f)	raamatukauplus	[ra:matukauplus]
loja (f) de artigos esportivos	sporditarvete kauplus	[sporditarʋete kauplus]

costureira (m)	riieteparandus	[ri:eteparandus]
aluguel (m) de roupa	riietelaenutus	[ri:etelaenutus]
videolocadora (f)	filmilaenutus	[filⁱmilaenutus]

circo (m)	tsirkus	[tsirkus]
jardim (m) zoológico	loomaaed	[lo:ma:et]
cinema (m)	kino	[kino]
museu (m)	muuseum	[mu:seum]

biblioteca (f)	raamatukogu	[ra:matukogu]
teatro (m)	teater	[teater]
ópera (f)	ooper	[o:per]
boate (casa noturna)	ööklubi	[ø:klubi]
cassino (m)	kasiino	[kasi:no]

mesquita (f)	mošee	[moʃe:]
sinagoga (f)	sünagoog	[sʉnago:g]
catedral (f)	katedraal	[katedra:lʲ]
templo (m)	pühakoda	[pʉhakoda]
igreja (f)	kirik	[kirik]

faculdade (f)	instituut	[insʲtitu:t]
universidade (f)	ülikool	[ʉliko:lʲ]
escola (f)	kool	[ko:lʲ]

prefeitura (f)	linnaosa valitsus	[linnaosa ʋalitsus]
câmara (f) municipal	linnavalitsus	[linnaʋalitsus]
hotel (m)	hotell	[hotelʲ]
banco (m)	pank	[pank]

embaixada (f)	suursaatkond	[su:rsa:tkont]
agência (f) de viagens	reisibüroo	[rejsibʉro:]
agência (f) de informações	teadete büroo	[teadete bʉro:]
casa (f) de câmbio	rahavahetus	[rahaʋahetus]

metrô (m)	metroo	[metro:]
hospital (m)	haigla	[haigla]

posto (m) de gasolina	tankla	[tankla]
parque (m) de estacionamento	parkla	[parkla]

30. Sinais

letreiro (m)	silt	[silʲt]
aviso (m)	pealkiri	[pealʲkiri]
cartaz, pôster (m)	plakat	[plakat]
placa (f) de direção	teeviit	[te:ʋi:t]
seta (f)	nool	[no:lʲ]

aviso (advertência)	hoiatus	[hojatus]
sinal (m) de aviso	hoiatus	[hojatus]
avisar, advertir (vt)	hoiatama	[hojatama]

dia (m) de folga	puhkepäev	[puhkepææʋ]
horário (~ dos trens, etc.)	sõiduplaan	[sɜidupla:n]
horário (m)	töötunnid	[tø:tunnit]

BEM-VINDOS!	TERE TULEMAST!	[tere tulemasʲt!]
ENTRADA	SISSEPÄÄS	[sissepææ:s]
SAÍDA	VÄLJAPÄÄS	[ʋæljapææ:s]

EMPURRE	LÜKKA	[lʉkka]
PUXE	TÕMBA	[tɜmba]

ABERTO	AVATUD	[auatut]
FECHADO	SULETUD	[suletut]
MULHER	NAISTELE	[naisᵎtele]
HOMEM	MEESTELE	[me:sᵎtele]
DESCONTOS	SOODUSTUSED	[so:dusᵎtuset]
SALDOS, PROMOÇÃO	VÄLJAMÜÜK	[uæljamʉ:k]
NOVIDADE!	UUS KAUP!	[u:s kaup!]
GRÁTIS	TASUTA	[tasuta]
ATENÇÃO!	ETTEVAATUST!	[etteua:tusᵎt!]
NÃO HÁ VAGAS	TÄIELIKULT	[tæjelikulᵎt
	BRONEERITUD	brone:ritut]
RESERVADO	RESERVEERITUD	[reserue:ritut]
ADMINISTRAÇÃO	JUHTKOND	[juhtkont]
SOMENTE PESSOAL	AINULT PERSONALILE	[ainulᵎt personalile]
AUTORIZADO		
CUIDADO CÃO FEROZ	KURI KOER	[kuri koer]
PROIBIDO FUMAR!	MITTE SUITSETADA!	[mitte suitsetada!]
NÃO TOCAR	MITTE PUUTUDA!	[mitte pu:tuda!]
PERIGOSO	OHTLIK	[ohtlik]
PERIGO	OHT	[oht]
ALTA TENSÃO	KÕRGEPINGE	[kɜrgepinge]
PROIBIDO NADAR	UJUMINE KEELATUD!	[ujumine ke:latud!]
COM DEFEITO	EI TÖÖTA	[ej tø:ta]
INFLAMÁVEL	TULEOHTLIK	[tuleohtlik]
PROIBIDO	KEELATUD	[ke:latut]
ENTRADA PROIBIDA	LÄBIKÄIK KEELATUD	[lᵎæbikæjk ke:latut]
CUIDADO TINTA FRESCA	VÄRSKE VÄRV	[uærske uæru]

31. Compras

comprar (vt)	ostma	[osᵎtma]
compra (f)	ost	[osᵎt]
fazer compras	oste tegema	[osᵎte tegema]
compras (f pl)	šoppamine	[ʃoppamine]
estar aberta (loja)	lahti olema	[lahti olema]
estar fechada	kinni olema	[kinni olema]
calçado (m)	jalatsid	[jalatsit]
roupa (f)	riided	[ri:det]
cosméticos (m pl)	kosmeetika	[kosme:tika]
alimentos (m pl)	toiduained	[tojduainet]
presente (m)	kingitus	[kingitus]
vendedor (m)	müüja	[mʉ:ja]
vendedora (f)	müüja	[mʉ:ja]
caixa (f)	kassa	[kassa]

espelho (m)	**peegel**	[peːgelʲ]
balcão (m)	**lett**	[lett]
provador (m)	**proovikabiin**	[proːʋikabiːn]
provar (vt)	**selga proovima**	[selʲga proːʋima]
servir (roupa, caber)	**paras olema**	[paras olema]
gostar (apreciar)	**meeldima**	[meːlʲdima]
preço (m)	**hind**	[hint]
etiqueta (f) de preço	**hinnalipik**	[hinnalipik]
custar (vt)	**maksma**	[maksma]
Quanto?	**Kui palju?**	[kui palju?]
desconto (m)	**allahindlus**	[alʲæhintlus]
não caro (adj)	**odav**	[odaʋ]
barato (adj)	**odav**	[odaʋ]
caro (adj)	**kallis**	[kalʲis]
É caro	**See on kallis.**	[seː on kalʲis]
aluguel (m)	**laenutus**	[laenutus]
alugar (roupas, etc.)	**laenutama**	[laenutama]
crédito (m)	**pangalaen**	[pangalaen]
a crédito	**krediiti võtma**	[krediːti ʋɔtma]

VESTUÁRIO & ACESSÓRIOS

32. Roupa exterior. Casacos

roupa (f)	riided	[ri:det]
roupa (f) exterior	üleriided	[üleri:det]
roupa (f) de inverno	talveriided	[talʲʋeri:det]
sobretudo (m)	mantel	[mantelʲ]
casaco (m) de pele	kasukas	[kasukas]
jaqueta (f) de pele	poolkasukas	[po:lʲkasukas]
casaco (m) acolchoado	sulejope	[sulejope]
casaco (m), jaqueta (f)	jope	[jope]
impermeável (m)	vihmamantel	[uihmamantelʲ]
a prova d'água	veekindel	[ʋe:kindelʲ]

33. Vestuário de homem & mulher

camisa (f)	särk	[særk]
calça (f)	püksid	[püksit]
jeans (m)	teksapüksid	[teksapüksit]
paletó, terno (m)	pintsak	[pintsak]
terno (m)	ülikond	[ülikont]
vestido (ex. ~ de noiva)	kleit	[klejt]
saia (f)	seelik	[se:lik]
blusa (f)	pluus	[plu:s]
casaco (m) de malha	villane jakk	[uilʲæne jakk]
casaco, blazer (m)	pluus	[plu:s]
camiseta (f)	T-särk	[t-særk]
short (m)	põlvpüksid	[pɜlʲupüksit]
training (m)	dress	[dress]
roupão (m) de banho	hommikumantel	[hommikumantelʲ]
pijama (m)	pidžaama	[pidʒa:ma]
suéter (m)	sviiter	[sui:ter]
pulôver (m)	pullover	[pulʲouer]
colete (m)	vest	[uesʲt]
fraque (m)	frakk	[frakk]
smoking (m)	smoking	[smoking]
uniforme (m)	vormiriietus	[uormiri:etus]
roupa (f) de trabalho	tööriietus	[tø:ri:etus]
macacão (m)	kombinesoon	[kombineso:n]
jaleco (m), bata (f)	kittel	[kittelʲ]

34. Vestuário. Roupa interior

roupa (f) íntima	pesu	[pesu]
cueca boxer (f)	trussikud	[trussikut]
calcinha (f)	trussikud	[trussikut]
camiseta (f)	alussärk	[alussærk]
meias (f pl)	sokid	[sokit]
camisola (f)	öösärk	[ø:særk]
sutiã (m)	rinnahoidja	[rinnahojdja]
meias longas (f pl)	põlvikud	[pɜlʲuikut]
meias-calças (f pl)	sukkpüksid	[sukkpʉksit]
meias (~ de nylon)	sukad	[sukat]
maiô (m)	trikoo	[triko:]

35. Adereços de cabeça

chapéu (m), touca (f)	müts	[mʉts]
chapéu (m) de feltro	kaabu	[ka:bu]
boné (m) de beisebol	pesapallimüts	[pesapalʲimʉts]
boina (~ italiana)	soni	[soni]
boina (ex. ~ basca)	barett	[barett]
capuz (m)	kapuuts	[kapu:ts]
chapéu panamá (m)	panama	[panama]
touca (f)	kootud müts	[ko:tut mʉts]
lenço (m)	rätik	[rætik]
chapéu (m) feminino	kübar	[kʉbar]
capacete (m) de proteção	kiiver	[ki:uer]
bibico (m)	pilotka	[pilotka]
capacete (m)	lendurimüts	[lendurimʉts]
chapéu-coco (m)	kübar	[kʉbar]
cartola (f)	silinder	[silinder]

36. Calçado

calçado (m)	jalatsid	[jalatsit]
botinas (f pl), sapatos (m pl)	poolsaapad	[po:lʲsa:pat]
sapatos (de salto alto, etc.)	kingad	[kingat]
botas (f pl)	saapad	[sa:pat]
pantufas (f pl)	sussid	[sussit]
tênis (~ Nike, etc.)	tossud	[tossut]
tênis (~ Converse)	ketsid	[ketsit]
sandálias (f pl)	sandaalid	[sanda:lit]
sapateiro (m)	kingsepp	[kingsepp]
salto (m)	konts	[konts]

par (m)	paar	[pa:r]
cadarço (m)	kingapael	[kingapaelʲ]
amarrar os cadarços	kingapaelu siduma	[kingapaelu siduma]
calçadeira (f)	kingalusikas	[kingalusikas]
graxa (f) para calçado	kingakreem	[kingakre:m]

37. Acessórios pessoais

luva (f)	sõrmkindad	[sɜrmkindat]
mitenes (f pl)	labakindad	[labakindat]
cachecol (m)	sall	[salʲ]

óculos (m pl)	prillid	[prilʲit]
armação (f)	prilliraamid	[prilʲira:mit]
guarda-chuva (m)	vihmavari	[ʋihmaʋari]
bengala (f)	jalutuskepp	[jalutuskepp]
escova (f) para o cabelo	juuksehari	[ju:ksehari]
leque (m)	lehvik	[lehʋik]

gravata (f)	lips	[lips]
gravata-borboleta (f)	kikilips	[kikilips]
suspensórios (m pl)	traksid	[traksit]
lenço (m)	taskurätik	[taskurætik]

pente (m)	kamm	[kamm]
fivela (f) para cabelo	juukseklamber	[ju:kseklamber]
grampo (m)	juuksenõel	[ju:ksenɜelʲ]
fivela (f)	pannal	[pannalʲ]

cinto (m)	vöö	[ʋø:]
alça (f) de ombro	rihm	[rihm]

bolsa (f)	kott	[kott]
bolsa (feminina)	käekott	[kæəkott]
mochila (f)	seljakott	[seljakott]

38. Vestuário. Diversos

moda (f)	mood	[mo:t]
na moda (adj)	moodne	[mo:dne]
estilista (m)	moekunstnik	[moekunsʲtnik]

colarinho (m)	krae	[krae]
bolso (m)	tasku	[tasku]
de bolso	tasku-	[tasku-]
manga (f)	varrukas	[ʋarrukas]
ganchinho (m)	tripp	[tripp]
bragueta (f)	püksiauk	[pʉksiauk]

zíper (m)	tõmblukk	[tɜmblukk]
colchete (m)	kinnis	[kinnis]
botão (m)	nööp	[nø:p]

botoeira (casa de botão)	nööpauk	[nø:pauk]
soltar-se (vr)	eest ära tulema	[e:sʲt æra tulema]

costurar (vi)	õmblema	[ɜmblema]
bordar (vt)	tikkima	[tikkima]
bordado (m)	tikkimine	[tikkimine]
agulha (f)	nõel	[nɜelʲ]
fio, linha (f)	niit	[ni:t]
costura (f)	õmblus	[ɜmblus]

sujar-se (vr)	ära määrima	[æra mæ:rima]
mancha (f)	plekk	[plekk]
amarrotar-se (vr)	kortsu minema	[kortsu minema]
rasgar (vt)	katki minema	[katki minema]
traça (f)	koi	[koj]

39. Cuidados pessoais. Cosméticos

pasta (f) de dente	hambapasta	[hambapasʲta]
escova (f) de dente	hambahari	[hambahari]
escovar os dentes	hambaid pesema	[hambait pesema]

gilete (f)	pardel	[pardelʲ]
creme (m) de barbear	habemeajamiskreem	[habemeajamiskre:m]
barbear-se (vr)	habet ajama	[habet ajama]

sabonete (m)	seep	[se:p]
xampu (m)	šampoon	[ʃampo:n]

tesoura (f)	käärid	[kæ:rit]
lixa (f) de unhas	küüneviil	[kʉ:neʋi:lʲ]
corta-unhas (m)	küünekäärid	[kʉ:nekæ:rit]
pinça (f)	pintsett	[pintsett]

cosméticos (m pl)	kosmeetika	[kosme:tika]
máscara (f)	mask	[mask]
manicure (f)	maniküür	[manikʉ:r]
fazer as unhas	maniküüri tegema	[manikʉ:ri tegema]
pedicure (f)	pediküür	[pedikʉ:r]

bolsa (f) de maquiagem	kosmeetikakott	[kosme:tikakott]
pó (de arroz)	puuder	[pu:der]
pó (m) compacto	puudritoos	[pu:drito:s]
blush (m)	põsepuna	[pɜsepuna]

perfume (m)	lõhnaõli	[lɜhnaɔli]
água-de-colônia (f)	tualettvesi	[tualettʋesi]
loção (f)	näovesi	[næoʋesi]
colônia (f)	odekolonn	[odekolonn]

sombra (f) de olhos	lauvärv	[lauʋærʋ]
delineador (m)	silmapliiats	[silʲmapli:ats]
máscara (f), rímel (m)	ripsmetušš	[ripsmetuʃʃ]
batom (m)	huulepulk	[hu:lepulʲk]

esmalte (m)	küünelakk	[kʉ:nelakk]
laquê (m), spray fixador (m)	juukselakk	[ju:kselakk]
desodorante (m)	desodorant	[desodorant]

creme (m)	kreem	[kre:m]
creme (m) de rosto	näokreem	[næokre:m]
creme (m) de mãos	kätekreem	[kætekre:m]
creme (m) antirrugas	kortsudevastane kreem	[kortsudeʋasʲtane kre:m]
creme (m) de dia	päevakreem	[pæeʋakre:m]
creme (m) de noite	öökreem	[ø:kre:m]
de dia	päeva-	[pæeʋa-]
da noite	öö-	[ø:-]

absorvente (m) interno	tampoon	[tampo:n]
papel (m) higiênico	tualettpaber	[tualettpaber]
secador (m) de cabelo	föön	[fø:n]

40. Relógios de pulso. Relógios

relógio (m) de pulso	käekell	[kæəkelʲ]
mostrador (m)	sihverplaat	[sihʋerpla:t]
ponteiro (m)	osuti	[osuti]
bracelete (em aço)	kellarihm	[kelʲærihm]
bracelete (em couro)	kellarihm	[kelʲærihm]

pilha (f)	patarei	[patarej]
acabar (vi)	tühjaks saama	[tʉhjaks sa:ma]
trocar a pilha	patareid vahetama	[patarejt ʋahetama]
estar adiantado	ette käima	[ette kæjma]
estar atrasado	taha jääma	[taha jæ:ma]

relógio (m) de parede	seinakell	[sejnakelʲ]
ampulheta (f)	liivakell	[li:ʋakelʲ]
relógio (m) de sol	päiksekell	[pæjksekelʲ]
despertador (m)	äratuskell	[æratuskelʲ]
relojoeiro (m)	kellassepp	[kelʲæssepp]
reparar (vt)	parandama	[parandama]

EXPERIÊNCIA DO QUOTIDIANO

41. Dinheiro

dinheiro (m)	raha	[raha]
câmbio (m)	vahetus	[ʋahetus]
taxa (f) de câmbio	kurss	[kurss]
caixa (m) eletrônico	pangaautomaat	[panga:utoma:t]
moeda (f)	münt	[mʉnt]
dólar (m)	dollar	[dolʲær]
euro (m)	euro	[euro]
lira (f)	liir	[liːr]
marco (m)	mark	[mark]
franco (m)	frank	[frank]
libra (f) esterlina	naelsterling	[naelʲsʲterling]
iene (m)	jeen	[jeːn]
dívida (f)	võlg	[ʋɜlʲg]
devedor (m)	võlgnik	[ʋɜlʲgnik]
emprestar (vt)	võlgu andma	[ʋɜlʲgu andma]
pedir emprestado	võlgu võtma	[ʋɜlʲgu ʋɜtma]
banco (m)	pank	[pank]
conta (f)	pangakonto	[pangakonto]
depositar (vt)	panema	[panema]
depositar na conta	arvele panema	[arʋele panema]
sacar (vt)	arvelt võtma	[arʋelʲt ʋɜtma]
cartão (m) de crédito	krediidikaart	[kredi:dika:rt]
dinheiro (m) vivo	sularaha	[sularaha]
cheque (m)	tšekk	[tʃekk]
passar um cheque	tšekki välja kirjutama	[tʃekki ʋælja kirjutama]
talão (m) de cheques	tšekiraamat	[tʃekira:mat]
carteira (f)	rahatasku	[rahatasku]
niqueleira (f)	rahakott	[rahakott]
cofre (m)	seif	[sejf]
herdeiro (m)	pärija	[pærija]
herança (f)	pärandus	[pærandus]
fortuna (riqueza)	varandus	[ʋarandus]
arrendamento (m)	rent	[rent]
aluguel (pagar o ~)	korteriüür	[korteriʉːr]
alugar (vt)	üürima	[ʉːrima]
preço (m)	hind	[hint]
custo (m)	maksumus	[maksumus]

soma (f)	summa	[summa]
gastar (vt)	raiskama	[raiskama]
gastos (m pl)	kulutused	[kulutuset]
economizar (vi)	kokku hoidma	[kokku hojdma]
econômico (adj)	kokkuhoidlik	[kokkuhojtlik]

pagar (vt)	tasuma	[tasuma]
pagamento (m)	maksmine	[maksmine]
troco (m)	tagasiantav raha	[tagasiantau raha]

imposto (m)	maks	[maks]
multa (f)	trahv	[trahʋ]
multar (vt)	trahvima	[trahʋima]

42. Correios. Serviço postal

agência (f) dos correios	postkontor	[posʲtkontor]
correio (m)	post	[posʲt]
carteiro (m)	postiljon	[posʲtiljon]
horário (m)	töötunnid	[tø:tunnit]

carta (f)	kiri	[kiri]
carta (f) registada	tähitud kiri	[tæhitut kiri]
cartão (m) postal	postkaart	[posʲtka:rt]
telegrama (m)	telegramm	[telegramm]
encomenda (f)	pakk	[pakk]
transferência (f) de dinheiro	rahaülekanne	[rahaülekanne]

receber (vt)	kätte saama	[kætte sa:ma]
enviar (vt)	saatma	[sa:tma]
envio (m)	saatmine	[sa:tmine]
endereço (m)	aadress	[a:dress]
código (m) postal	indeks	[indeks]
remetente (m)	saatja	[sa:tja]
destinatário (m)	saaja	[sa:ja]

nome (m)	eesnimi	[e:snimi]
sobrenome (m)	perekonnanimi	[perekonnanimi]
tarifa (f)	tariif	[tari:f]
ordinário (adj)	harilik	[harilik]
econômico (adj)	soodustariif	[so:dusʲtari:f]

peso (m)	kaal	[ka:lʲ]
pesar (estabelecer o peso)	kaaluma	[ka:luma]
envelope (m)	ümbrik	[ʉmbrik]
selo (m) postal	mark	[mark]
colar o selo	marki peale kleepima	[marki peale kle:pima]

43. Banca

| banco (m) | pank | [pank] |
| balcão (f) | osakond | [osakont] |

| consultor (m) bancário | konsultant | [konsulʲtant] |
| gerente (m) | juhataja | [juhataja] |

conta (f)	pangakonto	[pangakonto]
número (m) da conta	arve number	[arʋe number]
conta (f) corrente	jooksev arve	[joːkseʋ arʋe]
conta (f) poupança	kogumisarve	[kogumisarʋe]

abrir uma conta	arvet avama	[arʋet aʋama]
fechar uma conta	arvet lõpetama	[arʋet lɔpetama]
depositar na conta	arvele panema	[arʋele panema]
sacar (vt)	arvelt võtma	[arʋelʲt ʋɔtma]

depósito (m)	hoius	[hojus]
fazer um depósito	hoiust tegema	[hojusʲt tegema]
transferência (f) bancária	ülekanne	[ʉlekanne]
transferir (vt)	üle kandma	[ʉle kandma]

| soma (f) | summa | [summa] |
| Quanto? | Kui palju? | [kui palju?] |

| assinatura (f) | allkiri | [alʲkiri] |
| assinar (vt) | allkirjastama | [alʲkirjasʲtama] |

cartão (m) de crédito	krediidikaart	[krediːdikaːrt]
senha (f)	kood	[koːt]
número (m) do cartão de crédito	krediidikaardi number	[krediːdikaːrdi number]

| caixa (m) eletrônico | pangaautomaat | [panga:utoma:t] |

cheque (m)	tšekk	[tʃekk]
passar um cheque	tšekki välja kirjutama	[tʃekki ʋælja kirjutama]
talão (m) de cheques	tšekiraamat	[tʃekira:mat]

empréstimo (m)	pangalaen	[pangalaen]
pedir um empréstimo	laenu taotlema	[laenu taotlema]
obter empréstimo	laenu võtma	[laenu ʋɔtma]
dar um empréstimo	laenu andma	[laenu andma]
garantia (f)	tagatis	[tagatis]

44. Telefone. Conversação telefônica

telefone (m)	telefon	[telefon]
celular (m)	mobiiltelefon	[mobiːlʲtelefon]
secretária (f) eletrônica	automaatvastaja	[automa:tʊasʲtaja]

| fazer uma chamada | helistama | [helisʲtama] |
| chamada (f) | telefonihelin | [telefonihelin] |

discar um número	numbrit valima	[numbrit ʋalima]
Alô!	hallo!	[halʲo!]
perguntar (vt)	küsima	[kʉsima]
responder (vt)	vastama	[ʋasʲtama]
ouvir (vt)	kuulma	[kuːlʲma]

bem	hästi	[hæsˈti]
mal	halvasti	[halʲuasˈti]
ruído (m)	häired	[hæjret]

fone (m)	telefonitoru	[telefonitoru]
pegar o telefone	toru hargilt võtma	[toru hargilʲt uɜtma]
desligar (vi)	toru hargile panema	[toru hargile panema]

ocupado (adj)	liin on kinni	[liːn on kinni]
tocar (vi)	telefon heliseb	[telefon heliseb]
lista (f) telefônica	telefoniraamat	[telefonira:mat]

local (adj)	kohalik	[kohalik]
chamada (f) local	kohalik kõne	[kohalik kɜne]
de longa distância	kauge-	[kauge-]
chamada (f) de longa distância	kaugekõne	[kaugekɜne]
internacional (adj)	rahvusvaheline	[rahuusuaheline]
chamada (f) internacional	rahvusvaheline kõne	[rahuusuaheline kɜne]

45. Telefone móvel

celular (m)	mobiiltelefon	[mobi:lʲtelefon]
tela (f)	kuvar	[kuuar]
botão (m)	nupp	[nupp]
cartão SIM (m)	SIM-kaart	[sim-ka:rt]

bateria (f)	patarei	[patarej]
descarregar-se (vr)	tühjaks minema	[tʉhjaks minema]
carregador (m)	laadimisseade	[la:dimisseade]

menu (m)	menüü	[menʉ:]
configurações (f pl)	häälestused	[hæːlesʲtuset]
melodia (f)	viis	[ui:s]
escolher (vt)	valima	[ualima]

calculadora (f)	kalkulaator	[kalʲkula:tor]
correio (m) de voz	automaatvastaja	[automa:tuasʲtaja]
despertador (m)	äratuskell	[æratuskelʲ]
contatos (m pl)	telefoniraamat	[telefonira:mat]

mensagem (f) de texto	SMS-sõnum	[sms-sɜnum]
assinante (m)	abonent	[abonent]

46. Estacionário

caneta (f)	pastakas	[pasʲtakas]
caneta (f) tinteiro	sulepea	[sulepea]

lápis (m)	pliiats	[pli:ats]
marcador (m) de texto	marker	[marker]
caneta (f) hidrográfica	viltpliiats	[uilʲtpli:ats]

bloco (m) de notas	klade	[klade]
agenda (f)	päevik	[pæəʊik]

régua (f)	joonlaud	[joːnlaut]
calculadora (f)	kalkulaator	[kalʲkulaːtor]
borracha (f)	kustutuskumm	[kusʲtutuskumm]
alfinete (m)	rõhknael	[rɜhknaelʲ]
clipe (m)	kirjaklamber	[kirjaklamber]

cola (f)	liim	[liːm]
grampeador (m)	stepler	[sʲtepler]
furador (m) de papel	auguraud	[auguraut]
apontador (m)	pliiatsiteritaja	[pliːatsiteritaja]

47. Línguas estrangeiras

língua (f)	keel	[keːlʲ]
estrangeiro (adj)	võõr-	[ʊɜːr-]
língua (f) estrangeira	võõrkeel	[ʊɜːrkeːlʲ]
estudar (vt)	uurima	[uːrima]
aprender (vt)	õppima	[ɜppima]

ler (vt)	lugema	[lugema]
falar (vi)	rääkima	[ræːkima]
entender (vt)	aru saama	[aru saːma]
escrever (vt)	kirjutama	[kirjutama]

rapidamente	kiiresti	[kiːresʲti]
devagar, lentamente	aeglaselt	[aeglaselʲt]
fluentemente	vabalt	[ʊabalʲt]

regras (f pl)	reeglid	[reːglit]
gramática (f)	grammatika	[grammatika]
vocabulário (m)	sõnavara	[sɜnaʊara]
fonética (f)	foneetika	[foneːtika]

livro (m) didático	õpik	[ɜpik]
dicionário (m)	sõnaraamat	[sɜnaraːmat]
manual (m) autodidático	õpik iseõppijaile	[ɜpik iseɜppijaile]
guia (m) de conversação	vestmik	[ʊesʲtmik]

fita (f) cassete	kassett	[kassett]
videoteipe (m)	videokassett	[ʊideokassett]
CD (m)	CD-plaat	[ʦede plaːt]
DVD (m)	DVD	[dʊt]

alfabeto (m)	tähestik	[tæhesʲtik]
soletrar (vt)	veerima	[ʊeːrima]
pronúncia (f)	hääldamine	[hæːlʲdamine]

sotaque (m)	aktsent	[aktsent]
com sotaque	aktsendiga	[aktsendiga]
sem sotaque	ilma aktsendita	[ilʲma aktsendita]
palavra (f)	sõna	[sɜna]

sentido (m)	mõiste	[mɜisʲte]
curso (m)	kursused	[kursuset]
inscrever-se (vr)	kirja panema	[kirja panema]
professor (m)	õppejõud	[ɜppejɜut]
tradução (processo)	tõlkimine	[tɜlʲkimine]
tradução (texto)	tõlge	[tɜlʲge]
tradutor (m)	tõlk	[tɜlʲk]
intérprete (m)	tõlk	[tɜlʲk]
poliglota (m)	polüglott	[polʉglott]
memória (f)	mälu	[mælu]

REFEIÇÕES. RESTAURANTE

48. Por a mesa

colher (f)	lusikas	[lusikas]
faca (f)	nuga	[nuga]
garfo (m)	kahvel	[kahʋelʲ]

xícara (f)	tass	[tass]
prato (m)	taldrik	[talʲdrik]
pires (m)	alustass	[alusʲtass]
guardanapo (m)	salvrätik	[salʲʋrætik]
palito (m)	hambaork	[hambaork]

49. Restaurante

restaurante (m)	restoran	[resʲtoran]
cafeteria (f)	kohvituba	[kohʋituba]
bar (m), cervejaria (f)	baar	[ba:r]
salão (m) de chá	teesalong	[te:salong]

garçom (m)	kelner	[kelʲner]
garçonete (f)	ettekandja	[ettekandja]
barman (m)	baarimees	[ba:rime:s]

cardápio (m)	menüü	[menʉ:]
lista (f) de vinhos	veinikaart	[ʋejnika:rt]
reservar uma mesa	lauda kinni panema	[lauda kinni panema]

prato (m)	roog	[ro:g]
pedir (vt)	tellima	[telʲima]
fazer o pedido	tellimust andma	[telʲimusʲt andma]

aperitivo (m)	aperitiiv	[aperiti:ʋ]
entrada (f)	suupiste	[su:pisʲte]
sobremesa (f)	magustoit	[magusʲtojt]

conta (f)	arve	[arʋe]
pagar a conta	arvet maksma	[arʋet maksma]
dar o troco	raha tagasi andma	[raha tagasi andma]
gorjeta (f)	jootraha	[jo:traha]

50. Refeições

| comida (f) | söök | [sø:k] |
| comer (vt) | sööma | [sø:ma] |

café (m) da manhã	hommikusöök	[hommikusø:k]
tomar café da manhã	hommikust sööma	[hommikusit sø:ma]
almoço (m)	lõuna	[lɜuna]
almoçar (vi)	lõunat sööma	[lɜunat sø:ma]
jantar (m)	õhtusöök	[ɜhtusø:k]
jantar (vi)	õhtust sööma	[ɜhtusit sø:ma]

| apetite (m) | söögiisu | [sø:gi:su] |
| Bom apetite! | Head isu! | [heat isu!] |

abrir (~ uma lata, etc.)	avama	[auama]
derramar (~ líquido)	maha valama	[maha ualama]
derramar-se (vr)	maha voolama	[maha uo:lama]

ferver (vi)	keema	[ke:ma]
ferver (vt)	keetma	[ke:tma]
fervido (adj)	keedetud	[ke:detut]
esfriar (vt)	jahutama	[jahutama]
esfriar-se (vr)	jahtuma	[jahtuma]

| sabor, gosto (m) | maitse | [maitse] |
| fim (m) de boca | kõrvalmaitse | [kɜrualimaitse] |

emagrecer (vi)	kaalus alla võtma	[ka:lus aliæ uɜtma]
dieta (f)	dieet	[die:t]
vitamina (f)	vitamiin	[uitami:n]
caloria (f)	kalor	[kalor]
vegetariano (m)	taimetoitlane	[taimetojtlane]
vegetariano (adj)	taimetoitluslik	[taimetojtluslik]

gorduras (f pl)	rasvad	[rasuat]
proteínas (f pl)	valgud	[ualigut]
carboidratos (m pl)	süsivesikud	[susiuesikut]
fatia (~ de limão, etc.)	viil	[ui:li]
pedaço (~ de bolo)	tükk	[tʉkk]
migalha (f), farelo (m)	puru	[puru]

51. Pratos cozinhados

prato (m)	roog	[ro:g]
cozinha (~ portuguesa)	köök	[kø:k]
receita (f)	retsept	[retsept]
porção (f)	portsjon	[portsjon]

| salada (f) | salat | [salat] |
| sopa (f) | supp | [supp] |

caldo (m)	puljong	[puljong]
sanduíche (m)	võileib	[uɜjlejb]
ovos (m pl) fritos	munaroog	[munaro:g]

hambúrguer (m)	hamburger	[hamburger]
bife (m)	biifsteek	[bi:fsite:k]
acompanhamento (m)	lisand	[lisant]

espaguete (m)	spagetid	[spagetit]
purê (m) de batata	kartulipüree	[kartulipᴂre:]
pizza (f)	pitsa	[pitsa]
mingau (m)	puder	[puder]
omelete (f)	omlett	[omlett]

fervido (adj)	keedetud	[ke:detut]
defumado (adj)	suitsutatud	[suitsutatut]
frito (adj)	praetud	[praetut]
seco (adj)	kuivatatud	[kuivatatut]
congelado (adj)	külmutatud	[kᴂlʲmutatut]
em conserva (adj)	marineeritud	[marine:ritut]

doce (adj)	magus	[magus]
salgado (adj)	soolane	[so:lane]
frio (adj)	külm	[kᴂlʲm]
quente (adj)	kuum	[ku:m]
amargo (adj)	mõru	[mɜru]
gostoso (adj)	maitsev	[maitseʋ]

cozinhar em água fervente	keetma	[ke:tma]
preparar (vt)	süüa tegema	[sᴂ:a tegema]
fritar (vt)	praadima	[pra:dima]
aquecer (vt)	soojendama	[so:jendama]

salgar (vt)	soolama	[so:lama]
apimentar (vt)	pipardama	[pipardama]
ralar (vt)	riivima	[ri:ʋima]
casca (f)	koor	[ko:r]
descascar (vt)	koorima	[ko:rima]

52. Comida

carne (f)	liha	[liha]
galinha (f)	kana	[kana]
frango (m)	kanapoeg	[kanapoeg]
pato (m)	part	[part]
ganso (m)	hani	[hani]
caça (f)	metslinnud	[metslinnut]
peru (m)	kalkun	[kalʲkun]

carne (f) de porco	sealiha	[sealiha]
carne (f) de vitela	vasikaliha	[ʋasikaliha]
carne (f) de carneiro	lambaliha	[lambaliha]
carne (f) de vaca	loomaliha	[lo:maliha]
carne (f) de coelho	küülik	[kᴂ:lik]

linguiça (f), salsichão (m)	vorst	[ʋorsʲt]
salsicha (f)	viiner	[ʋi:ner]
bacon (m)	peekon	[pe:kon]
presunto (m)	sink	[sink]
pernil (m) de porco	sink	[sink]
patê (m)	pasteet	[pasʲte:t]
fígado (m)	maks	[maks]

guisado (m)	hakkliha	[hakkliha]
língua (f)	keel	[keːlʲ]
ovo (m)	muna	[muna]
ovos (m pl)	munad	[munat]
clara (f) de ovo	munavalge	[munaʋalʲge]
gema (f) de ovo	munakollane	[munakolʲæne]
peixe (m)	kala	[kala]
mariscos (m pl)	mereannid	[mereannit]
crustáceos (m pl)	koorikloomad	[koːrikloːmat]
caviar (m)	kalamari	[kalamari]
caranguejo (m)	krabi	[krabi]
camarão (m)	krevett	[kreʋett]
ostra (f)	auster	[ausʲter]
lagosta (f)	langust	[langusʲt]
polvo (m)	kaheksajalg	[kaheksajalʲg]
lula (f)	kalmaar	[kalʲmaːr]
esturjão (m)	tuurakala	[tuːrakala]
salmão (m)	lõhe	[lɜhe]
halibute (m)	paltus	[palʲtus]
bacalhau (m)	tursk	[tursk]
cavala, sarda (f)	skumbria	[skumbria]
atum (m)	tuunikala	[tuːnikala]
enguia (f)	angerjas	[angerjas]
truta (f)	forell	[forelʲ]
sardinha (f)	sardiin	[sardiːn]
lúcio (m)	haug	[haug]
arenque (m)	heeringas	[heːringas]
pão (m)	leib	[lejb]
queijo (m)	juust	[juːsʲt]
açúcar (m)	suhkur	[suhkur]
sal (m)	sool	[soːlʲ]
arroz (m)	riis	[riːs]
massas (f pl)	makaronid	[makaronit]
talharim, miojo (m)	lintnuudlid	[lintnuːtlit]
manteiga (f)	või	[ʋɜi]
óleo (m) vegetal	taimeõli	[taimeɜli]
óleo (m) de girassol	päevalilleõli	[pææʋalilʲeɜli]
margarina (f)	margariin	[margariːn]
azeitonas (f pl)	oliivid	[oliːʋit]
azeite (m)	oliivõli	[oliːʋɜli]
leite (m)	piim	[piːm]
leite (m) condensado	kondenspiim	[kondenspiːm]
iogurte (m)	jogurt	[jogurt]
creme (m) azedo	hapukoor	[hapukoːr]
creme (m) de leite	koor	[koːr]

| maionese (f) | majonees | [majone:s] |
| creme (m) | kreem | [kre:m] |

grãos (m pl) de cereais	tangud	[tangut]
farinha (f)	jahu	[jahu]
enlatados (m pl)	konservid	[konseruit]

flocos (m pl) de milho	maisihelbed	[maisihelʲbet]
mel (m)	mesi	[mesi]
geleia (m)	džemm	[dʒemm]
chiclete (m)	närimiskumm	[nærimiskumm]

53. Bebidas

água (f)	vesi	[uesi]
água (f) potável	joogivesi	[jo:giuesi]
água (f) mineral	mineraalvesi	[minera:lʲuesi]

sem gás (adj)	gaasita	[ga:sita]
gaseificada (adj)	gaseeritud	[gase:ritut]
com gás	gaasiga	[ga:siga]
gelo (m)	jää	[jæ:]
com gelo	jääga	[jæ:ga]

não alcoólico (adj)	alkoholivaba	[alʲkoholiuaba]
refrigerante (m)	alkoholivaba jook	[alʲkoholiuaba jo:k]
refresco (m)	karastusjook	[karasʲtusjo:k]
limonada (f)	limonaad	[limona:t]

bebidas (f pl) alcoólicas	alkoholsed joogid	[alʲkoho:lʲset jo:git]
vinho (m)	vein	[uejn]
vinho (m) branco	valge vein	[ualʲge uejn]
vinho (m) tinto	punane vein	[punane uejn]

licor (m)	liköör	[likø:r]
champanhe (m)	šampus	[ʃampus]
vermute (m)	vermut	[uermut]

uísque (m)	viski	[uiski]
vodca (f)	viin	[ui:n]
gim (m)	džinn	[dʒinn]
conhaque (m)	konjak	[konjak]
rum (m)	rumm	[rumm]

café (m)	kohv	[kohu]
café (m) preto	must kohv	[musʲt kohu]
café (m) com leite	piimaga kohv	[pi:maga kohu]
cappuccino (m)	koorega kohv	[ko:rega kohu]
café (m) solúvel	lahustuv kohv	[lahusʲtuu kohu]

leite (m)	piim	[pi:m]
coquetel (m)	kokteil	[koktejlʲ]
batida (f), milkshake (m)	piimakokteil	[pi:makoktejlʲ]
suco (m)	mahl	[mahlʲ]

suco (m) de tomate	tomatimahl	[tomatimahlʲ]
suco (m) de laranja	apelsinimahl	[apelʲsinimahlʲ]
suco (m) fresco	värskelt pressitud mahl	[værskelʲt pressitut mahlʲ]

cerveja (f)	õlu	[ɜlu]
cerveja (f) clara	hele õlu	[hele ɜlu]
cerveja (f) preta	tume õlu	[tume ɜlu]

chá (m)	tee	[te:]
chá (m) preto	must tee	[musʲt te:]
chá (m) verde	roheline tee	[roheline te:]

54. Vegetais

| vegetais (m pl) | juurviljad | [ju:rʋiljat] |
| verdura (f) | maitseroheline | [maitseroheline] |

tomate (m)	tomat	[tomat]
pepino (m)	kurk	[kurk]
cenoura (f)	porgand	[porgant]
batata (f)	kartul	[kartulʲ]
cebola (f)	sibul	[sibulʲ]
alho (m)	küüslauk	[ku:slauk]

| couve (f) | kapsas | [kapsas] |
| couve-flor (f) | lillkapsas | [lilʲkapsas] |

| couve-de-bruxelas (f) | brüsseli kapsas | [brusseli kapsas] |
| brócolis (m pl) | brokkoli | [brokkoli] |

beterraba (f)	peet	[pe:t]
berinjela (f)	baklažaan	[baklaʒa:n]
abobrinha (f)	suvikõrvits	[suʋikɜrʋits]

| abóbora (f) | kõrvits | [kɜrʋits] |
| nabo (m) | naeris | [naeris] |

salsa (f)	petersell	[peterselʲ]
endro, aneto (m)	till	[tilʲ]
alface (f)	salat	[salat]
aipo (m)	seller	[selʲer]

| aspargo (m) | aspar | [aspar] |
| espinafre (m) | spinat | [spinat] |

| ervilha (f) | hernes | [hernes] |
| feijão (~ soja, etc.) | oad | [oat] |

| milho (m) | mais | [mais] |
| feijão (m) roxo | aedoad | [aedoat] |

pimentão (m)	pipar	[pipar]
rabanete (m)	redis	[redis]
alcachofra (f)	artišokk	[artiʃokk]

55. Frutos. Nozes

fruta (f)	puuvili	[pu:ʋili]
maçã (f)	õun	[ɜun]
pera (f)	pirn	[pirn]
limão (m)	sidrun	[sidrun]
laranja (f)	apelsin	[apelʲsin]
morango (m)	aedmaasikas	[aedma:sikas]

tangerina (f)	mandariin	[mandari:n]
ameixa (f)	ploom	[plo:m]
pêssego (m)	virsik	[ʋirsik]
damasco (m)	aprikoos	[apriko:s]
framboesa (f)	vaarikas	[ʋa:rikas]
abacaxi (m)	ananass	[ananass]

banana (f)	banaan	[bana:n]
melancia (f)	arbuus	[arbu:s]
uva (f)	viinamarjad	[ʋi:namarjat]
ginja (f)	kirss	[kirss]
cereja (f)	murel	[murelʲ]
melão (m)	melon	[melon]

toranja (f)	greip	[grejp]
abacate (m)	avokaado	[aʋoka:do]
mamão (m)	papaia	[papaia]
manga (f)	mango	[mango]
romã (f)	granaatõun	[grana:tɜun]

groselha (f) vermelha	punane sõstar	[punane sɜsʲtar]
groselha (f) negra	must sõstar	[musʲt sɜsʲtar]
groselha (f) espinhosa	karusmari	[karusmari]
mirtilo (m)	mustikas	[musʲtikas]
amora (f) silvestre	põldmari	[pɜlʲdmari]

passa (f)	rosinad	[rosinat]
figo (m)	ingver	[ingʋer]
tâmara (f)	dattel	[dattelʲ]

amendoim (m)	maapähkel	[ma:pæhkelʲ]
amêndoa (f)	mandlipähkel	[mantlipæhkelʲ]
noz (f)	kreeka pähkel	[kre:ka pæhkelʲ]
avelã (f)	sarapuupähkel	[sarapu:pæhkelʲ]
coco (m)	kookospähkel	[ko:kospæhkelʲ]
pistaches (m pl)	pistaatsiapähkel	[pisʲta:tsiapæhkelʲ]

56. Pão. Bolaria

pastelaria (f)	kondiitritooted	[kondi:trito:tet]
pão (m)	leib	[lejb]
biscoito (m), bolacha (f)	küpsis	[kʉpsis]
chocolate (m)	šokolaad	[ʃokola:t]
de chocolate	šokolaadi-	[ʃokola:di-]

bala (f)	komm	[komm]
doce (bolo pequeno)	kook	[ko:k]
bolo (m) de aniversário	tort	[tort]

| torta (f) | pirukas | [pirukas] |
| recheio (m) | täidis | [tæjdis] |

geleia (m)	moos	[mo:s]
marmelada (f)	marmelaad	[marmela:t]
wafers (m pl)	vahvlid	[ʋahʊlit]
sorvete (m)	jäätis	[jæ:tis]

57. Especiarias

sal (m)	sool	[so:lʲ]
salgado (adj)	soolane	[so:lane]
salgar (vt)	soolama	[so:lama]

pimenta-do-reino (f)	must pipar	[musʲt pipar]
pimenta (f) vermelha	punane pipar	[punane pipar]
mostarda (f)	sinep	[sinep]
raiz-forte (f)	mädarõigas	[mædarȝigas]

condimento (m)	maitseaine	[maitseaine]
especiaria (f)	vürts	[ʊʉrts]
molho (~ inglês)	kaste	[kasʲte]
vinagre (m)	äädikas	[æ:dikas]

anis estrelado (m)	aniis	[ani:s]
manjericão (m)	basiilik	[basi:lik]
cravo (m)	nelk	[nelʲk]
gengibre (m)	ingver	[inguer]
coentro (m)	koriander	[koriander]
canela (f)	kaneel	[kane:lʲ]

gergelim (m)	seesamiseemned	[se:samise:mnet]
folha (f) de louro	loorber	[lo:rber]
páprica (f)	paprika	[paprika]
cominho (m)	köömned	[kø:mnet]
açafrão (m)	safran	[safran]

INFORMAÇÃO PESSOAL. FAMÍLIA

58. Informação pessoal. Formulários

nome (m)	eesnimi	[e:snimi]
sobrenome (m)	perekonnnimi	[perekonnnimi]
data (f) de nascimento	sünniaeg	[sʉnniaeg]
local (m) de nascimento	sünnikoht	[sʉnnikoht]
nacionalidade (f)	rahvus	[rahʋus]
lugar (m) de residência	elukoht	[elukoht]
país (m)	riik	[ri:k]
profissão (f)	elukutse	[elukutse]
sexo (m)	sugu	[sugu]
estatura (f)	kasv	[kasʋ]
peso (m)	kaal	[ka:lʲ]

59. Membros da família. Parentes

mãe (f)	ema	[ema]
pai (m)	isa	[isa]
filho (m)	poeg	[poeg]
filha (f)	tütar	[tʉtar]
caçula (f)	noorem tütar	[no:rem tʉtar]
caçula (m)	noorem poeg	[no:rem poeg]
filha (f) mais velha	vanem tütar	[ʋanem tʉtar]
filho (m) mais velho	vanem poeg	[ʋanem poeg]
irmão (m)	vend	[ʋent]
irmão (m) mais velho	vanem vend	[ʋanem ʋent]
irmão (m) mais novo	noorem vend	[no:rem ʋent]
irmã (f)	õde	[ɜde]
irmã (f) mais velha	vanem õde	[ʋanem ɜde]
irmã (f) mais nova	noorem õde	[no:rem ɜde]
primo (m)	onupoeg	[onupoeg]
prima (f)	onutütar	[onutʉtar]
mamãe (f)	mamma	[mamma]
papai (m)	papa	[papa]
pais (pl)	vanemad	[ʋanemat]
criança (f)	laps	[laps]
crianças (f pl)	lapsed	[lapset]
avó (f)	vanaema	[ʋanaema]
avô (m)	vanaisa	[ʋanaisa]
neto (m)	lapselaps	[lapselaps]

| neta (f) | lapselaps | [lapselaps] |
| netos (pl) | lapselapsed | [lapselapset] |

tio (m)	onu	[onu]
tia (f)	tädi	[tædi]
sobrinho (m)	vennapoeg	[ʋennapoeg]
sobrinha (f)	vennatütar	[ʋennatütar]

sogra (f)	ämm	[æmm]
sogro (m)	äi	[æj]
genro (m)	väimees	[ʋæjme:s]
madrasta (f)	võõrasema	[ʋɜ:rasema]
padrasto (m)	võõrasisa	[ʋɜ:rasisa]

criança (f) de colo	rinnalaps	[rinnalaps]
bebê (m)	imik	[imik]
menino (m)	väikelaps	[ʋæjkelaps]

mulher (f)	naine	[naine]
marido (m)	mees	[me:s]
esposo (m)	abikaasa	[abika:sa]
esposa (f)	abikaasa	[abika:sa]

casado (adj)	abielus	[abielus]
casada (adj)	abielus	[abielus]
solteiro (adj)	vallaline	[ʋalʲæline]
solteirão (m)	vanapoiss	[ʋanapojss]
divorciado (adj)	lahutatud	[lahutatut]
viúva (f)	lesk	[lesk]
viúvo (m)	lesk	[lesk]

parente (m)	sugulane	[sugulane]
parente (m) próximo	lähedane sugulane	[lʲæhedane sugulane]
parente (m) distante	kaugelt sugulane	[kaugelʲt sugulane]
parentes (m pl)	sugulased	[sugulaset]

órfão (m), órfã (f)	orb	[orb]
tutor (m)	eestkostja	[e:sʲtkosʲtja]
adotar (um filho)	lapsendama	[lapsendama]
adotar (uma filha)	lapsendama	[lapsendama]

60. Amigos. Colegas de trabalho

amigo (m)	sõber	[sɜber]
amiga (f)	sõbranna	[sɜbranna]
amizade (f)	sõprus	[sɜprus]
ser amigos	sõber olla	[sɜber olʲæ]

amigo (m)	sõber	[sɜber]
amiga (f)	sõbranna	[sɜbranna]
parceiro (m)	partner	[partner]

| chefe (m) | šeff | [ʃeff] |
| superior (m) | ülemus | [ʉlemus] |

proprietário (m)	omanik	[omanik]
subordinado (m)	alluv	[alʲuʊ]
colega (m, f)	kolleeg	[kolʲe:g]

conhecido (m)	tuttav	[tuttaʊ]
companheiro (m) de viagem	teekaaslane	[te:ka:slane]
colega (m) de classe	klassikaaslane	[klassika:slane]

vizinho (m)	naaber	[na:ber]
vizinha (f)	naabrinaine	[na:brinaine]
vizinhos (pl)	naabrid	[na:brit]

CORPO HUMANO. MEDICINA

61. Cabeça

cabeça (f)	pea	[pea]
rosto, cara (f)	nägu	[næɡu]
nariz (m)	nina	[nina]
boca (f)	suu	[su:]
olho (m)	silm	[silʲm]
olhos (m pl)	silmad	[silʲmat]
pupila (f)	silmatera	[silʲmatera]
sobrancelha (f)	kulm	[kulʲm]
cílio (f)	ripse	[ripse]
pálpebra (f)	silmalaug	[silʲmalauɡ]
língua (f)	keel	[ke:lʲ]
dente (m)	hammas	[hammas]
lábios (m pl)	huuled	[hu:let]
maçãs (f pl) do rosto	põsesarnad	[pɜsesarnat]
gengiva (f)	ige	[iɡe]
palato (m)	suulagi	[su:laɡi]
narinas (f pl)	sõõrmed	[sɜ:rmet]
queixo (m)	lõug	[lɜuɡ]
mandíbula (f)	lõualuu	[lɜualu:]
bochecha (f)	põsk	[pɜsk]
testa (f)	laup	[laup]
têmpora (f)	meelekoht	[me:lekoht]
orelha (f)	kõrv	[kɜrʊ]
costas (f pl) da cabeça	kukal	[kukalʲ]
pescoço (m)	kael	[kaelʲ]
garganta (f)	kõri	[kɜri]
cabelo (m)	juuksed	[ju:kset]
penteado (m)	soeng	[soenɡ]
corte (m) de cabelo	juukselõikus	[ju:kselɜikus]
peruca (f)	parukas	[parukas]
bigode (m)	vuntsid	[ʊuntsit]
barba (f)	habe	[habe]
ter (~ barba, etc.)	kandma	[kandma]
trança (f)	pats	[pats]
suíças (f pl)	bakenbardid	[bakenbardit]
ruivo (adj)	punapea	[punapea]
grisalho (adj)	hall	[halʲ]
careca (adj)	kiilas	[ki:las]
calva (f)	kiilaspea	[ki:laspea]

rabo-de-cavalo (m)	hobusesaba	[hobusesaba]
franja (f)	tukk	[tukk]

62. Corpo humano

mão (f)	käelaba	[kæəlaba]
braço (m)	käsi	[kæsi]

dedo (m)	sõrm	[sɜrm]
dedo (m) do pé	varvas	[ʋarʋas]
polegar (m)	pöial	[pøialʲ]
dedo (m) mindinho	väike sõrm	[ʋæjke sɜrm]
unha (f)	küüs	[kʉ:s]

punho (m)	rusikas	[rusikas]
palma (f)	peopesa	[peopesa]
pulso (m)	ranne	[ranne]
antebraço (m)	küünarvars	[kʉ:narʋars]
cotovelo (m)	küünarnukk	[kʉ:narnukk]
ombro (m)	õlg	[ɜlʲg]

perna (f)	säär	[sæ:r]
pé (m)	jalalaba	[jalalaba]
joelho (m)	põlv	[pɜlʲʋ]
panturrilha (f)	sääremari	[sæ:remari]
quadril (m)	puus	[pu:s]
calcanhar (m)	kand	[kant]

corpo (m)	keha	[keha]
barriga (f), ventre (m)	kõht	[kɜht]
peito (m)	rind	[rint]
seio (m)	rind	[rint]
lado (m)	külg	[kʉlʲg]
costas (dorso)	selg	[selʲg]
região (f) lombar	ristluud	[risˈtlu:t]
cintura (f)	talje	[talje]

umbigo (m)	naba	[naba]
nádegas (f pl)	tuharad	[tuharat]
traseiro (m)	tagumik	[tagumik]

sinal (m), pinta (f)	sünnimärk	[sʉnnimærk]
sinal (m) de nascença	sünnimärk	[sʉnnimærk]
tatuagem (f)	tätoveering	[tætoʋe:ring]
cicatriz (f)	arm	[arm]

63. Doenças

doença (f)	haigus	[haigus]
estar doente	haige olema	[haige olema]
saúde (f)	tervis	[terʋis]
nariz (m) escorrendo	nohu	[nohu]

amigdalite (f)	angiin	[angi:n]
resfriado (m)	külmetus	[kʉlʲmetus]
ficar resfriado	külmetuma	[kʉlʲmetuma]
bronquite (f)	bronhiit	[bronhi:t]
pneumonia (f)	kopsupõletik	[kopsupɜletik]
gripe (f)	gripp	[gripp]
míope (adj)	lühinägelik	[lʉhinægelik]
presbita (adj)	kaugenägelik	[kaugenægelik]
estrabismo (m)	kõõrdsilmsus	[kɜ:rdsilʲmsus]
estrábico, vesgo (adj)	kõõrdsilmne	[kɜ:rdsilʲmne]
catarata (f)	katarakt	[katarakt]
glaucoma (m)	glaukoom	[glauko:m]
AVC (m), apoplexia (f)	insult	[insulʲt]
ataque (m) cardíaco	infarkt	[infarkt]
enfarte (m) do miocárdio	müokardi infarkt	[mʉokardi infarkt]
paralisia (f)	halvatus	[halʲʊatus]
paralisar (vt)	halvama	[halʲʊama]
alergia (f)	allergia	[alʲergia]
asma (f)	astma	[asʲtma]
diabetes (f)	diabeet	[diabe:t]
dor (f) de dente	hambavalu	[hambaʊalu]
cárie (f)	kaaries	[ka:ries]
diarreia (f)	kõhulahtisus	[kɜhulahtisus]
prisão (f) de ventre	kõhukinnisus	[kɜhukinnisus]
desarranjo (m) intestinal	kõhulahtisus	[kɜhulahtisus]
intoxicação (f) alimentar	mürgitus	[mʉrgitus]
intoxicar-se	mürgitust saama	[mʉrgitusʲt sa:ma]
artrite (f)	artriit	[artri:t]
raquitismo (m)	rahhiit	[rahhi:t]
reumatismo (m)	reuma	[reuma]
arteriosclerose (f)	ateroskleroos	[aterosklero:s]
gastrite (f)	gastriit	[gasʲtri:t]
apendicite (f)	apenditsiit	[apenditsi:t]
colecistite (f)	koletsüstiit	[koletsʉsʲti:t]
úlcera (f)	haavand	[ha:ʊant]
sarampo (m)	leetrid	[le:trit]
rubéola (f)	punetised	[punetiset]
icterícia (f)	kollatõbi	[kolʲætɜbi]
hepatite (f)	hepatiit	[hepati:t]
esquizofrenia (f)	skisofreenia	[skisofre:nia]
raiva (f)	marutaud	[marutaut]
neurose (f)	neuroos	[neuro:s]
contusão (f) cerebral	ajuvapustus	[ajuʊapusʲtus]
câncer (m)	vähk	[ʊæhk]
esclerose (f)	skleroos	[sklero:s]

esclerose (f) múltipla	hajameelne skleroos	[hajame:lʲne sklero:s]
alcoolismo (m)	alkoholism	[alʲkoholism]
alcoólico (m)	alkohoolik	[alʲkoho:lik]
sífilis (f)	süüfilis	[sʉ:filis]
AIDS (f)	AIDS	[aids]
tumor (m)	kasvaja	[kasʋaja]
maligno (adj)	pahaloomuline	[pahalo:muline]
benigno (adj)	healoomuline	[healo:muline]
febre (f)	palavik	[palaʋik]
malária (f)	malaaria	[mala:ria]
gangrena (f)	gangreen	[gangre:n]
enjoo (m)	merehaigus	[merehaigus]
epilepsia (f)	epilepsia	[epilepsia]
epidemia (f)	epideemia	[epide:mia]
tifo (m)	tüüfus	[tʉ:fus]
tuberculose (f)	tuberkuloos	[tuberkulo:s]
cólera (f)	koolera	[ko:lera]
peste (f) bubônica	katk	[katk]

64. Sintomas. Tratamentos. Parte 1

sintoma (m)	sümptom	[sʉmptom]
temperatura (f)	temperatuur	[temperatu:r]
febre (f)	kõrge palavik	[kɜrge palaʋik]
pulso (m)	pulss	[pulʲss]
vertigem (f)	peapööritus	[peapø:ritus]
quente (testa, etc.)	kuum	[ku:m]
calafrio (m)	vappekülm	[ʋappekʉlʲm]
pálido (adj)	kahvatu	[kahʋatu]
tosse (f)	köha	[køha]
tossir (vi)	köhima	[køhima]
espirrar (vi)	aevastama	[aeʋasʲtama]
desmaio (m)	minestus	[minesʲtus]
desmaiar (vi)	teadvust kaotama	[teadʋusʲt kaotama]
mancha (f) preta	sinikas	[sinikas]
galo (m)	muhk	[muhk]
machucar-se (vr)	ära lööma	[æra lø:ma]
contusão (f)	haiget saanud koht	[haiget sa:nut koht]
machucar-se (vr)	haiget saama	[haiget sa:ma]
mancar (vi)	lonkama	[lonkama]
deslocamento (f)	nihestus	[nihesʲtus]
deslocar (vt)	nihestama	[nihesʲtama]
fratura (f)	luumurd	[lu:murt]
fraturar (vt)	luud murdma	[lu:t murdma]
corte (m)	lõikehaav	[lɜikeha:ʋ]
cortar-se (vr)	endale sisse lõikama	[endale sisse lɜikama]

hemorragia (f)	verejooks	[ʋerejo:ks]
queimadura (f)	põletushaav	[pɜletusha:ʋ]
queimar-se (vr)	end ära põletama	[ent æra pɜletama]
picar (vt)	torkama	[torkama]
picar-se (vr)	end torkama	[ent torkama]
lesionar (vt)	kergelt haavama	[kergelˈt ha:ʋama]
lesão (m)	vigastus	[ʋigasˈtus]
ferida (f), ferimento (m)	haav	[ha:ʋ]
trauma (m)	trauma	[trauma]
delirar (vi)	sonima	[sonima]
gaguejar (vi)	kokutama	[kokutama]
insolação (f)	päiksepiste	[pæjksepisˈte]

65. Sintomas. Tratamentos. Parte 2

dor (f)	valu	[ʋalu]
farpa (no dedo, etc.)	pind	[pint]
suor (m)	higi	[higi]
suar (vi)	higistama	[higisˈtama]
vômito (m)	okse	[okse]
convulsões (f pl)	krambid	[krambit]
grávida (adj)	rase	[rase]
nascer (vi)	sündima	[sʉndima]
parto (m)	sünnitus	[sʉnnitus]
dar à luz	sünnitama	[sʉnnitama]
aborto (m)	abort	[abort]
respiração (f)	hingamine	[hingamine]
inspiração (f)	sissehingamine	[sissehingamine]
expiração (f)	väljahingamine	[ʋæljahingamine]
expirar (vi)	välja hingama	[ʋælja hingama]
inspirar (vi)	sisse hingama	[sisse hingama]
inválido (m)	invaliid	[inʋali:t]
aleijado (m)	vigane	[ʋigane]
drogado (m)	narkomaan	[narkoma:n]
surdo (adj)	kurt	[kurt]
mudo (adj)	tumm	[tumm]
surdo-mudo (adj)	kurttumm	[kurttumm]
louco, insano (adj)	hullumeelne	[hulˈume:lˈne]
louco (m)	vaimuhaige	[ʋaimuhaige]
louca (f)	vaimuhaige	[ʋaimuhaige]
ficar louco	hulluks minema	[hulˈuks minema]
gene (m)	geen	[ge:n]
imunidade (f)	immuniteet	[immunite:t]
hereditário (adj)	pärilik	[pærilik]
congênito (adj)	kaasasündinud	[ka:sasʉndinut]

vírus (m)	viirus	[ʋi:rus]
micróbio (m)	mikroob	[mikro:b]
bactéria (f)	bakter	[bakter]
infecção (f)	nakkus	[nakkus]

66. Sintomas. Tratamentos. Parte 3

hospital (m)	haigla	[haigla]
paciente (m)	patsient	[patsient]
diagnóstico (m)	diagnoos	[diagno:s]
cura (f)	iseravimine	[iseraʋimine]
tratamento (m) médico	ravimine	[raʋimine]
curar-se (vr)	ennast ravima	[ennasʲt raʋima]
tratar (vt)	ravima	[raʋima]
cuidar (pessoa)	hoolitsema	[ho:litsema]
cuidado (m)	hoolitsus	[ho:litsus]
operação (f)	operatsioon	[operatsio:n]
enfaixar (vt)	siduma	[siduma]
enfaixamento (m)	sidumine	[sidumine]
vacinação (f)	vaktsineerimine	[ʋaktsine:rimine]
vacinar (vt)	vaktsineerima	[ʋaktsine:rima]
injeção (f)	süst	[sʉsʲt]
dar uma injeção	süstima	[sʉsʲtima]
ataque (~ de asma, etc.)	haigushoog	[haigusho:g]
amputação (f)	amputeerimine	[ampute:rimine]
amputar (vt)	amputeerima	[ampute:rima]
coma (f)	kooma	[ko:ma]
estar em coma	koomas olema	[ko:mas olema]
reanimação (f)	reanimatsioon	[reanimatsio:n]
recuperar-se (vr)	terveks saama	[terʋeks sa:ma]
estado (~ de saúde)	seisund	[sejsunt]
consciência (perder a ~)	teadvus	[teadʋus]
memória (f)	mälu	[mælu]
tirar (vt)	hammast välja tõmbama	[hammasʲt ʋælja tɜmbama]
obturação (f)	plomm	[plomm]
obturar (vt)	plombeerima	[plombe:rima]
hipnose (f)	hüpnoos	[hʉpno:s]
hipnotizar (vt)	hüpnotiseerima	[hʉpnotise:rima]

67. Medicina. Drogas. Acessórios

medicamento (m)	ravim	[raʋim]
remédio (m)	vahend	[ʋahent]
receitar (vt)	välja kirjutama	[ʋælja kirjutama]
receita (f)	retsept	[retsept]

comprimido (m)	tablett	[tablett]
unguento (m)	salv	[salʲu]
ampola (f)	ampull	[ampulʲ]
solução, preparado (m)	mikstuur	[miksʲtu:r]
xarope (m)	siirup	[si:rup]
cápsula (f)	pill	[pilʲ]
pó (m)	pulber	[pulʲber]

atadura (f)	side	[side]
algodão (m)	vatt	[ʋatt]
iodo (m)	jood	[jo:t]

curativo (m) adesivo	plaaster	[pla:sʲter]
conta-gotas (m)	pipett	[pipett]
termômetro (m)	kraadiklaas	[kra:dikla:s]
seringa (f)	süstal	[sʉsʲtalʲ]

cadeira (f) de rodas	invaliidikäru	[inʋali:dikæru]
muletas (f pl)	kargud	[kargut]

analgésico (m)	valuvaigisti	[ʋaluʋaigisʲti]
laxante (m)	kõhulahtisti	[kɜhulahtisʲti]
álcool (m)	piiritus	[pi:ritus]
ervas (f pl) medicinais	maarohud	[ma:rohut]
de ervas (chá ~)	maarohtudest	[ma:rohtudesʲt]

APARTAMENTO

68. Apartamento

apartamento (m)	korter	[korter]
quarto, cômodo (m)	tuba	[tuba]
quarto (m) de dormir	magamistuba	[magamisʲtuba]
sala (f) de jantar	söögituba	[sø:gituba]
sala (f) de estar	külalistuba	[kɯlalisʲtuba]
escritório (m)	kabinet	[kabinet]
sala (f) de entrada	esik	[esik]
banheiro (m)	vannituba	[ʋannituba]
lavabo (m)	tualett	[tualett]
teto (m)	lagi	[lagi]
chão, piso (m)	põrand	[pɜrant]
canto (m)	nurk	[nurk]

69. Mobiliário. Interior

mobiliário (m)	mööbel	[mø:belʲ]
mesa (f)	laud	[laut]
cadeira (f)	tool	[to:lʲ]
cama (f)	voodi	[ʋo:di]
sofá, divã (m)	diivan	[di:ʋan]
poltrona (f)	tugitool	[tugito:lʲ]
estante (f)	raamatukapp	[ra:matukapp]
prateleira (f)	raamaturiiul	[ra:maturi:ulʲ]
guarda-roupas (m)	riidekapp	[ri:dekapp]
cabide (m) de parede	varn	[ʋarn]
cabideiro (m) de pé	nagi	[nagi]
cômoda (f)	kummut	[kummut]
mesinha (f) de centro	diivanilaud	[di:ʋanilaut]
espelho (m)	peegel	[pe:gelʲ]
tapete (m)	vaip	[ʋaip]
tapete (m) pequeño	uksematt	[uksematt]
lareira (f)	kamin	[kamin]
vela (f)	küünal	[kɯ:nalʲ]
castiçal (m)	küünlajalg	[kɯ:nlajalʲg]
cortinas (f pl)	külgkardinad	[kɯlʲgkardinat]
papel (m) de parede	tapeet	[tape:t]

persianas (f pl)	ribakardinad	[ribakardinat]
luminária (f) de mesa	laualamp	[laualamp]
luminária (f) de parede	valgusti	[valˈgusˈti]
abajur (m) de pé	põrandalamp	[pɜrandalamp]
lustre (m)	lühter	[lʉhter]

pé (de mesa, etc.)	jalg	[jalˈg]
braço, descanso (m)	käetugi	[kæetugi]
costas (f pl)	seljatugi	[seljatugi]
gaveta (f)	sahtel	[sahtelʲ]

70. Quarto de dormir

roupa (f) de cama	voodipesu	[vo:dipesu]
travesseiro (m)	padi	[padi]
fronha (f)	padjapüür	[padjapʉ:r]
cobertor (m)	tekk	[tekk]
lençol (m)	voodilina	[vo:dilina]
colcha (f)	voodikate	[vo:dikate]

71. Cozinha

cozinha (f)	köök	[kø:k]
gás (m)	gaas	[ga:s]
fogão (m) a gás	gaasipliit	[ga:sipli:t]
fogão (m) elétrico	elektripliit	[elektripli:t]
forno (m)	praeahi	[praeahi]
forno (m) de micro-ondas	mikrolaineahi	[mikrolaineahi]

geladeira (f)	külmkapp	[kʉlʲmkapp]
congelador (m)	jääkapp	[jæ:kapp]
máquina (f) de lavar louça	nõudepesumasin	[nɜudepesumasin]

moedor (m) de carne	hakklihamasin	[hakklihamasin]
espremedor (m)	mahlapress	[mahlapress]
torradeira (f)	röster	[røsˈter]
batedeira (f)	mikser	[mikser]

máquina (f) de café	kohvikeetja	[kohʋike:tja]
cafeteira (f)	kohvikann	[kohʋikann]
moedor (m) de café	kohviveski	[kohʋiʋeski]

chaleira (f)	veekeetja	[ʋe:ke:tja]
bule (m)	teekann	[te:kann]
tampa (f)	kaas	[ka:s]
coador (m) de chá	teesõel	[te:sɜelʲ]

colher (f)	lusikas	[lusikas]
colher (f) de chá	teelusikas	[te:lusikas]
colher (f) de sopa	supilusikas	[supilusikas]
garfo (m)	kahvel	[kahʋelʲ]
faca (f)	nuga	[nuga]

louça (f)	toidunõud	[tojdunɜut]
prato (m)	taldrik	[talʲdrik]
pires (m)	alustass	[alusʲtass]
cálice (m)	napsiklaas	[napsikla:s]
copo (m)	klaas	[kla:s]
xícara (f)	tass	[tass]
açucareiro (m)	suhkrutoos	[suhkruto:s]
saleiro (m)	soolatoos	[so:lato:s]
pimenteiro (m)	pipratops	[pipratops]
manteigueira (f)	võitoos	[uɜito:s]
panela (f)	pott	[pott]
frigideira (f)	pann	[pann]
concha (f)	supikulp	[supikulʲp]
coador (m)	kurnkopsik	[kurnkopsik]
bandeja (f)	kandik	[kandik]
garrafa (f)	pudel	[pudelʲ]
pote (m) de vidro	klaaspurk	[kla:spurk]
lata (~ de cerveja)	plekkpurk	[plekkpurk]
abridor (m) de garrafa	pudeliavaja	[pudeliauaja]
abridor (m) de latas	konserviavaja	[konseruiauaja]
saca-rolhas (m)	korgitser	[korgitser]
filtro (m)	filter	[filʲter]
filtrar (vt)	filtreerima	[filʲtre:rima]
lixo (m)	prügi	[prʉgi]
lixeira (f)	prügiämber	[prʉgiæmber]

72. Casa de banho

banheiro (m)	vannituba	[uannituba]
água (f)	vesi	[uesi]
torneira (f)	kraan	[kra:n]
água (f) quente	soe vesi	[soe uesi]
água (f) fria	külm vesi	[kʉlʲm uesi]
pasta (f) de dente	hambapasta	[hambapasʲta]
escovar os dentes	hambaid pesema	[hambait pesema]
escova (f) de dente	hambahari	[hambahari]
barbear-se (vr)	habet ajama	[habet ajama]
espuma (f) de barbear	habemeajamiskreem	[habemeajamiskre:m]
gilete (f)	pardel	[pardelʲ]
lavar (vt)	pesema	[pesema]
tomar banho	ennast pesema	[ennasʲt pesema]
chuveiro (m), ducha (f)	dušš	[duʃʃ]
tomar uma ducha	duši all käima	[duʃi alʲ kæjma]
banheira (f)	vann	[uann]
vaso (m) sanitário	WC-pott	[uetse pott]

pia (f)	kraanikauss	[kra:nikauss]
sabonete (m)	seep	[se:p]
saboneteira (f)	seebikarp	[se:bikarp]

esponja (f)	nuustik	[nu:sⁱtik]
xampu (m)	šampoon	[ʃampo:n]
toalha (f)	käterätik	[kæterætik]
roupão (m) de banho	hommikumantel	[hommikumantelʲ]

lavagem (f)	pesupesemine	[pesupesemine]
lavadora (f) de roupas	pesumasin	[pesumasin]
lavar a roupa	pesu pesema	[pesu pesema]
detergente (m)	pesupulber	[pesupulʲber]

73. Eletrodomésticos

televisor (m)	televiisor	[teleui:sor]
gravador (m)	magnetofon	[magnetofon]
videogravador (m)	videomagnetofon	[uideomagnetofon]
rádio (m)	raadio	[ra:dio]
leitor (m)	pleier	[plejer]

projetor (m)	videoprojektor	[uideoprojektor]
cinema (m) em casa	kodukino	[kodukino]
DVD Player (m)	DVD-mängija	[dud-mæŋgija]
amplificador (m)	võimendi	[uɜimendi]
console (f) de jogos	mängukonsool	[mæŋgukonso:lʲ]

câmera (f) de vídeo	videokaamera	[uideoka:mera]
máquina (f) fotográfica	fotoaparaat	[fotoapara:t]
câmera (f) digital	fotokaamera	[fotoka:mera]

aspirador (m)	tolmuimeja	[tolʲmuimeja]
ferro (m) de passar	triikraud	[tri:kraut]
tábua (f) de passar	triikimislaud	[tri:kimislaut]

telefone (m)	telefon	[telefon]
celular (m)	mobiiltelefon	[mobi:lʲtelefon]
máquina (f) de escrever	kirjutusmasin	[kirjutusmasin]
máquina (f) de costura	õmblusmasin	[ɜmblusmasin]

microfone (m)	mikrofon	[mikrofon]
fone (m) de ouvido	kõrvaklapid	[kɜruaklapit]
controle remoto (m)	pult	[pulʲt]

CD (m)	CD-plaat	[tsede pla:t]
fita (f) cassete	kassett	[kassett]
disco (m) de vinil	heliplaat	[helipla:t]

A TERRA. TEMPO

74. Espaço sideral

espaço, cosmo (m)	kosmos	[kosmos]
espacial, cósmico (adj)	kosmiline	[kosmiline]
espaço (m) cósmico	maailmaruum	[ma:ilʲmaru:m]
mundo (m)	maailm	[ma:ilʲm]
universo (m)	universum	[uniʋersum]
galáxia (f)	galaktika	[galaktika]
estrela (f)	täht	[tæht]
constelação (f)	tähtkuju	[tæhtkuju]
planeta (m)	planeet	[plane:t]
satélite (m)	satelliit	[satelʲi:t]
meteorito (m)	meteoriit	[meteori:t]
cometa (m)	komeet	[kome:t]
asteroide (m)	asteroid	[asʲterojt]
órbita (f)	orbiit	[orbi:t]
girar (vi)	keerlema	[ke:rlema]
atmosfera (f)	atmosfäär	[atmosfæ:r]
Sol (m)	Päike	[pæjke]
Sistema (m) Solar	Päikesesüsteem	[pæjkesesʉsʲte:m]
eclipse (m) solar	päiksevarjutus	[pæjkseʋarjutus]
Terra (f)	Maa	[ma:]
Lua (f)	Kuu	[ku:]
Marte (m)	Marss	[marss]
Vênus (f)	Veenus	[ʋe:nus]
Júpiter (m)	Jupiter	[jupiter]
Saturno (m)	Saturn	[saturn]
Mercúrio (m)	Merkuur	[merku:r]
Urano (m)	Uraan	[ura:n]
Netuno (m)	Neptuun	[neptu:n]
Plutão (m)	Pluuto	[plu:to]
Via Láctea (f)	Linnutee	[linnute:]
Ursa Maior (f)	Suur Vanker	[su:r ʋanker]
Estrela Polar (f)	Põhjanael	[pɜhjanaelʲ]
marciano (m)	marslane	[marslane]
extraterrestre (m)	võõra planeedi asukas	[ʋɜ:ra plane:di asukas]
alienígena (m)	tulnukas	[tulʲnukas]

disco (m) voador	lendav taldrik	[lendaʋ talʲdrik]
espaçonave (f)	kosmoselaev	[kosmoselaeʋ]
estação (f) orbital	orbitaaljaam	[orbitaːlʲjaːm]
lançamento (m)	start	[sʲtart]
motor (m)	mootor	[moːtor]
bocal (m)	düüs	[dʉːs]
combustível (m)	kütus	[kʉtus]
cabine (f)	kabiin	[kabiːn]
antena (f)	antenn	[antenn]
vigia (f)	illuminaator	[ilʲuminaːtor]
bateria (f) solar	päikesepatarei	[pæjkesepatarej]
traje (m) espacial	skafander	[skafander]
imponderabilidade (f)	kaaluta olek	[kaːluta olek]
oxigênio (m)	hapnik	[hapnik]
acoplagem (f)	põkkumine	[pɜkkumine]
fazer uma acoplagem	põkkama	[pɜkkama]
observatório (m)	observatoorium	[obserʋatoːrium]
telescópio (m)	teleskoop	[teleskoːp]
observar (vt)	jälgima	[jælʲgima]
explorar (vt)	uurima	[uːrima]

75. A Terra

Terra (f)	Maa	[maː]
globo terrestre (Terra)	maakera	[maːkera]
planeta (m)	planeet	[planeːt]
atmosfera (f)	atmosfäär	[atmosfæːr]
geografia (f)	geograafia	[geograːfia]
natureza (f)	loodus	[loːdus]
globo (mapa esférico)	gloobus	[gloːbus]
mapa (m)	kaart	[kaːrt]
atlas (m)	atlas	[atlas]
Europa (f)	Euroopa	[euroːpa]
Ásia (f)	Aasia	[aːsia]
África (f)	Aafrika	[aːfrika]
Austrália (f)	Austraalia	[ausʲtraːlia]
América (f)	Ameerika	[ameːrika]
América (f) do Norte	Põhja-Ameerika	[pɜhja-ameːrika]
América (f) do Sul	Lõuna-Ameerika	[lɜuna-ameːrika]
Antártida (f)	Antarktis	[antarktis]
Ártico (m)	Arktika	[arktika]

76. Pontos cardeais

norte (m)	põhi	[pɜhi]
para norte	põhja	[pɜhja]
no norte	põhjas	[pɜhjas]
do norte (adj)	põhja-	[pɜhja-]
sul (m)	lõuna	[lɜuna]
para sul	lõunasse	[lɜunasse]
no sul	lõunas	[lɜunas]
do sul (adj)	lõuna-	[lɜuna-]
oeste, ocidente (m)	lääs	[lʲæ:s]
para oeste	läände	[lʲæ:nde]
no oeste	läänes	[lʲæ:nes]
ocidental (adj)	lääne-	[lʲæ:ne-]
leste, oriente (m)	ida	[ida]
para leste	itta	[itta]
no leste	idas	[idas]
oriental (adj)	ida-	[ida-]

77. Mar. Oceano

mar (m)	meri	[meri]
oceano (m)	ookean	[o:kean]
golfo (m)	laht	[laht]
estreito (m)	väin	[ʋæjn]
terra (f) firme	maismaa	[maisma:]
continente (m)	manner	[manner]
ilha (f)	saar	[sa:r]
península (f)	poolsaar	[po:lʲsa:r]
arquipélago (m)	arhipelaag	[arhipela:g]
baía (f)	laht	[laht]
porto (m)	sadam	[sadam]
lagoa (f)	laguun	[lagu:n]
cabo (m)	neem	[ne:m]
atol (m)	atoll	[atolʲ]
recife (m)	riff	[riff]
coral (m)	korall	[koralʲ]
recife (m) de coral	korallrahu	[koralʲrahu]
profundo (adj)	sügav	[sʉgaʋ]
profundidade (f)	sügavus	[sʉgaʋus]
abismo (m)	sügavik	[sʉgaʋik]
fossa (f) oceânica	nõgu	[nɜgu]
corrente (f)	hoovus	[ho:ʋus]
banhar (vt)	uhtuma	[uhtuma]
litoral (m)	rand	[rant]

costa (f)	rannik	[rannik]
maré (f) alta	tõus	[tɜus]
refluxo (m)	mõõn	[mɜːn]
restinga (f)	madalik	[madalik]
fundo (m)	põhi	[pɜhi]

onda (f)	laine	[laine]
crista (f) da onda	lainehari	[lainehari]
espuma (f)	vaht	[ʋaht]

tempestade (f)	torm	[torm]
furacão (m)	orkaan	[orkaːn]
tsunami (m)	tsunami	[tsunami]
calmaria (f)	tuulevaikus	[tuːleʋaikus]
calmo (adj)	rahulik	[rahulik]

polo (m)	poolus	[poːlus]
polar (adj)	polaar-	[polaːr-]

latitude (f)	laius	[laius]
longitude (f)	pikkus	[pikkus]
paralela (f)	paralleel	[paralʲeːlʲ]
equador (m)	ekvaator	[ekʋaːtor]

céu (m)	taevas	[taeʋas]
horizonte (m)	silmapiir	[silʲmapiːr]
ar (m)	õhk	[ɜhk]

farol (m)	majakas	[majakas]
mergulhar (vi)	sukelduma	[sukelʲduma]
afundar-se (vr)	uppuma	[uppuma]
tesouros (m pl)	aarded	[aːrdet]

78. Nomes de Mares e Oceanos

Oceano (m) Atlântico	Atlandi ookean	[atlandi oːkean]
Oceano (m) Índico	India ookean	[india oːkean]
Oceano (m) Pacífico	Vaikne ookean	[ʋaikne oːkean]
Oceano (m) Ártico	Põhja-Jäämeri	[pɜhja-jæːmeri]

Mar (m) Negro	Must meri	[musʲt meri]
Mar (m) Vermelho	Punane meri	[punane meri]
Mar (m) Amarelo	Kollane meri	[kolʲæne meri]
Mar (m) Branco	Valge meri	[ʋalʲge meri]

Mar (m) Cáspio	Kaspia meri	[kaspia meri]
Mar (m) Morto	Surnumeri	[surnumeri]
Mar (m) Mediterrâneo	Vahemeri	[ʋahemeri]

Mar (m) Egeu	Egeuse meri	[egeuse meri]
Mar (m) Adriático	Aadria meri	[aːdria meri]

Mar (m) Arábico	Araabia meri	[araːbia meri]
Mar (m) do Japão	Jaapani meri	[jaːpani meri]

| Mar (m) de Bering | Beringi meri | [beringi meri] |
| Mar (m) da China Meridional | Lõuna-Hiina meri | [lɜuna-hi:na meri] |

Mar (m) de Coral	Korallide meri	[koralʲide meri]
Mar (m) de Tasman	Tasmaania meri	[tasma:nia meri]
Mar (m) do Caribe	Kariibi meri	[kari:bi meri]

| Mar (m) de Barents | Barentsi meri | [barentsi meri] |
| Mar (m) de Kara | Kara meri | [kara meri] |

Mar (m) do Norte	Põhjameri	[pɜhjameri]
Mar (m) Báltico	Läänemeri	[lʲæ:nemeri]
Mar (m) da Noruega	Norra meri	[norra meri]

79. Montanhas

montanha (f)	mägi	[mægi]
cordilheira (f)	mäeahelik	[mæəahelik]
serra (f)	mäeahelik	[mæəahelik]

cume (m)	tipp	[tipp]
pico (m)	mäetipp	[mæətipp]
pé (m)	jalam	[jalam]
declive (m)	nõlv	[nɜlʲu]

vulcão (m)	vulkaan	[uulʲka:n]
vulcão (m) ativo	tegutsev vulkaan	[tegutseu uulʲka:n]
vulcão (m) extinto	kustunud vulkaan	[kusʲtunut uulʲka:n]

erupção (f)	vulkaanipurse	[uulʲka:nipurse]
cratera (f)	kraater	[kra:ter]
magma (m)	magma	[magma]
lava (f)	laava	[la:ua]
fundido (lava ~a)	hõõguv	[hɜ:guu]

cânion, desfiladeiro (m)	kanjon	[kanjon]
garganta (f)	kuristik, taarn	[kurisʲtik, ta:rn]
fenda (f)	kaljulõhe	[kaljulɜhe]
precipício (m)	kuristik	[kurisʲtik]

passo, colo (m)	kuru	[kuru]
planalto (m)	platoo	[plato:]
falésia (f)	kalju	[kalju]
colina (f)	küngas	[kɯngas]

geleira (f)	liustik	[liusʲtik]
cachoeira (f)	juga	[juga]
gêiser (m)	geiser	[gejser]
lago (m)	järv	[jæru]

planície (f)	lausmaa	[lausma:]
paisagem (f)	maastik	[ma:sʲtik]
eco (m)	kaja	[kaja]
alpinista (m)	alpinist	[alʲpinisʲt]

escalador (m)	kaljuronija	[kaljuronija]
conquistar (vt)	vallutama	[ʋalʲutama]
subida, escalada (f)	mäkketõus	[mækketɜus]

80. Nomes de montanhas

Alpes (m pl)	Alpid	[alʲpit]
Monte Branco (m)	Mont Blanc	[mon blan]
Pirineus (m pl)	Püreneed	[pʉrene:t]

Cárpatos (m pl)	Karpaadid	[karpa:dit]
Urais (m pl)	Uurali mäed	[u:rali mæət]
Cáucaso (m)	Kaukasus	[kaukasus]
Elbrus (m)	Elbrus	[elʲbrus]

Altai (m)	Altai	[alʲtai]
Tian Shan (m)	Tjan-Šan	[tjanʃan]
Pamir (m)	Pamiir	[pami:r]
Himalaia (m)	Himaalaja	[hima:laja]
monte Everest (m)	Everest	[eʋeresʲt]

Cordilheira (f) dos Andes	Andid	[andit]
Kilimanjaro (m)	Kilimandžaaro	[kilimandʒa:ro]

81. Rios

rio (m)	jõgi	[jɜgi]
fonte, nascente (f)	allikas	[alʲikas]
leito (m) de rio	säng	[sæng]
bacia (f)	bassein	[bassejn]
desaguar no ...	suubuma	[su:buma]

afluente (m)	lisajõgi	[lisajɜgi]
margem (do rio)	kallas	[kalʲæs]

corrente (f)	vool	[ʋo:lʲ]
rio abaixo	allavoolu	[alʲæʋo:lu]
rio acima	ülesvoolu	[ʉlesʋo:lu]

inundação (f)	üleujutus	[ʉleujutus]
cheia (f)	suurvesi	[su:rʋesi]
transbordar (vi)	üle ujutama	[ʉle ujutama]
inundar (vt)	uputama	[uputama]

banco (m) de areia	madalik	[madalik]
corredeira (f)	lävi	[lʲæʋi]

barragem (f)	pais	[pais]
canal (m)	kanal	[kanalʲ]
reservatório (m) de água	veehoidla	[ʋe:hojtla]
eclusa (f)	lüüs	[lʉ:s]
corpo (m) de água	veekogu	[ʋe:kogu]

pântano (m)	soo	[so:]
lamaçal (m)	õõtssoo	[ɜ:tsso:]
redemoinho (m)	veekeeris	[ʋe:ke:ris]
riacho (m)	oja	[oja]
potável (adj)	joogi-	[jo:gi-]
doce (água)	mage-	[mage-]
gelo (m)	jää	[jæ:]
congelar-se (vr)	külmuma	[kʉlʲmuma]

82. Nomes de rios

rio Sena (m)	Seine	[sen]
rio Loire (m)	Loire	[lua:r]
rio Tâmisa (m)	Thames	[tems]
rio Reno (m)	Rein	[rejn]
rio Danúbio (m)	Doonau	[do:nau]
rio Volga (m)	Volga	[ʋolʲga]
rio Don (m)	Don	[don]
rio Lena (m)	Leena	[le:na]
rio Amarelo (m)	Huang He	[huanhe]
rio Yangtzé (m)	Jangtse	[jangtse]
rio Mekong (m)	Mekong	[mekong]
rio Ganges (m)	Ganges	[ganges]
rio Nilo (m)	Niilus	[ni:lus]
rio Congo (m)	Kongo	[kongo]
rio Cubango (m)	Okavango	[okaʋango]
rio Zambeze (m)	Zambezi	[sambesi]
rio Limpopo (m)	Limpopo	[limpopo]
rio Mississippi (m)	Mississippi	[misisippi]

83. Floresta

floresta (f), bosque (m)	mets	[mets]
florestal (adj)	metsa-	[metsa-]
mata (f) fechada	tihnik	[tihnik]
arvoredo (m)	salu	[salu]
clareira (f)	lagendik	[lagendik]
matagal (m)	padrik	[padrik]
mato (m), caatinga (f)	põõsastik	[pɜ:sasʲtik]
pequena trilha (f)	jalgrada	[jalʲgrada]
ravina (f)	jäärak	[jæ:rak]
árvore (f)	puu	[pu:]
folha (f)	leht	[leht]

folhagem (f)	lehestik	[lehes¹tik]
queda (f) das folhas	lehtede langemine	[lehtede langemine]
cair (vi)	langema	[langema]
topo (m)	latv	[latʊ]

ramo (m)	oks	[oks]
galho (m)	oks	[oks]
botão (m)	pung	[pung]
agulha (f)	okas	[okas]
pinha (f)	käbi	[kæbi]

buraco (m) de árvore	puuõõs	[pu:ɜ:s]
ninho (m)	pesa	[pesa]
toca (f)	urg	[urg]

tronco (m)	tüvi	[tɐʊi]
raiz (f)	juur	[ju:r]
casca (f) de árvore	koor	[ko:r]
musgo (m)	sammal	[sammal¹]

arrancar pela raiz	juurima	[ju:rima]
cortar (vt)	raiuma	[raiuma]
desflorestar (vt)	maha raiuma	[maha raiuma]
toco, cepo (m)	känd	[kænt]

fogueira (f)	lõke	[lɜke]
incêndio (m) florestal	tulekahju	[tulekahju]
apagar (vt)	kustutama	[kus¹tutama]

guarda-parque (m)	metsavaht	[metsaʊaht]
proteção (f)	taimekaitse	[taimekaitse]
proteger (a natureza)	looduskaitse	[lo:duskaitse]
caçador (m) furtivo	salakütt	[salakɐtt]
armadilha (f)	püünis	[pɐ:nis]

| colher (cogumelos, bagas) | korjama | [korjama] |
| perder-se (vr) | ära eksima | [æra eksima] |

84. Recursos naturais

recursos (m pl) naturais	loodusvarad	[lo:dusʊarat]
minerais (m pl)	maavarad	[ma:ʊarat]
depósitos (m pl)	lademed	[lademet]
jazida (f)	leiukoht	[lejukoht]

extrair (vt)	kaevandama	[kaeʊandama]
extração (f)	kaevandamine	[kaeʊandamine]
minério (m)	maak	[ma:k]
mina (f)	kaevandus	[kaeʊandus]
poço (m) de mina	šaht	[ʃaht]
mineiro (m)	kaevur	[kaeʊur]

| gás (m) | gaas | [ga:s] |
| gasoduto (m) | gaasijuhe | [ga:sijuhe] |

petróleo (m)	nafta	[nafta]
oleoduto (m)	naftajuhe	[naftajuhe]
poço (m) de petróleo	nafta puurtorn	[nafta pu:rtorn]
torre (f) petrolífera	puurtorn	[pu:rtorn]
petroleiro (m)	tanker	[tanker]

areia (f)	liiv	[li:ʊ]
calcário (m)	paekivi	[paekiʊi]
cascalho (m)	kruus	[kru:s]
turfa (f)	turvas	[turʊas]
argila (f)	savi	[saʊi]
carvão (m)	süsi	[sʉsi]

ferro (m)	raud	[raut]
ouro (m)	kuld	[kulʲt]
prata (f)	hõbe	[hɔbe]
níquel (m)	nikkel	[nikkelʲ]
cobre (m)	vask	[ʊask]

zinco (m)	tsink	[tsink]
manganês (m)	mangaan	[manga:n]
mercúrio (m)	elavhõbe	[elaʊhɔbe]
chumbo (m)	seatina	[seatina]

mineral (m)	mineraal	[minera:lʲ]
cristal (m)	kristall	[krisʲtalʲ]
mármore (m)	marmor	[marmor]
urânio (m)	uraan	[ura:n]

85. Tempo

tempo (m)	ilm	[ilʲm]
previsão (f) do tempo	ilmaennustus	[ilʲmaennusʲtus]
temperatura (f)	temperatuur	[temperatu:r]
termômetro (m)	kraadiklaas	[kra:dikla:s]
barômetro (m)	baromeeter	[barome:ter]

úmido (adj)	niiske	[ni:ske]
umidade (f)	niiskus	[ni:skus]
calor (m)	kuumus	[ku:mus]
tórrido (adj)	kuum	[ku:m]
está muito calor	on kuum	[on ku:m]

| está calor | soojus | [so:jus] |
| quente (morno) | soe | [soe] |

| está frio | on külm | [on kʉlʲm] |
| frio (adj) | külm | [kʉlʲm] |

sol (m)	päike	[pæjke]
brilhar (vi)	paistma	[paisʲtma]
de sol, ensolarado	päikeseline	[pæjkeseline]
nascer (vi)	tõusma	[tɔusma]
pôr-se (vr)	loojuma	[lo:juma]

nuvem (f)	pilv	[pilʲʊ]
nublado (adj)	pilves	[pilʲʊes]
nuvem (f) preta	pilv	[pilʲʊ]
escuro, cinzento (adj)	sompus	[sompus]

chuva (f)	vihm	[ʊihm]
está a chover	vihma sajab	[ʊihma sajab]
chuvoso (adj)	vihmane	[ʊihmane]
chuviscar (vi)	tibutama	[tibutama]

chuva (f) torrencial	paduvihm	[paduʊihm]
aguaceiro (m)	hoovihm	[ho:ʊihm]
forte (chuva, etc.)	tugev	[tugeʊ]
poça (f)	lomp	[lomp]
molhar-se (vr)	märjaks saama	[mærjaks sa:ma]

nevoeiro (m)	udu	[udu]
de nevoeiro	udune	[udune]
neve (f)	lumi	[lumi]
está nevando	lund sajab	[lunt sajab]

86. Tempo extremo. Catástrofes naturais

trovoada (f)	äike	[æjke]
relâmpago (m)	välk	[ʊælʲk]
relampejar (vi)	välku lööma	[ʊælʲku lø:ma]

trovão (m)	kõu	[kɜu]
trovejar (vi)	müristama	[mʉrisʲtama]
está trovejando	müristab	[mʉrisʲtab]

| granizo (m) | rahe | [rahe] |
| está caindo granizo | rahet sajab | [rahet sajab] |

| inundar (vt) | üle ujutama | [ʉle ujutama] |
| inundação (f) | üleujutus | [ʉleujutus] |

terremoto (m)	maavärin	[ma:ʊærin]
abalo, tremor (m)	tõuge	[tɜuge]
epicentro (m)	epitsenter	[epitsenter]

| erupção (f) | vulkaanipurse | [ʊulʲka:nipurse] |
| lava (f) | laava | [la:ʊa] |

tornado (m)	tromb	[tromb]
tornado (m)	tornaado	[torna:do]
tufão (m)	taifuun	[taifu:n]

furacão (m)	orkaan	[orka:n]
tempestade (f)	torm	[torm]
tsunami (m)	tsunami	[tsunami]

| ciclone (m) | tsüklon | [tsʉklon] |
| mau tempo (m) | halb ilm | [halʲb ilʲm] |

85

incêndio (m)	**tulekahju**	[tulekahju]
catástrofe (f)	**katastroof**	[katasˈtroːf]
meteorito (m)	**meteoriit**	[meteoriːt]

avalanche (f)	**laviin**	[laʋiːn]
deslizamento (m) de neve	**varing**	[ʋaring]
nevasca (f)	**lumetorm**	[lumetorm]
tempestade (f) de neve	**tuisk**	[tuisk]

FAUNA

87. Mamíferos. Predadores

predador (m)	kiskja	[kiskja]
tigre (m)	tiiger	[ti:ger]
leão (m)	lõvi	[lɜʋi]
lobo (m)	hunt	[hunt]
raposa (f)	rebane	[rebane]

jaguar (m)	jaaguar	[ja:guar]
leopardo (m)	leopard	[leopart]
chita (f)	gepard	[gepart]

pantera (f)	panter	[panter]
puma (m)	puuma	[pu:ma]
leopardo-das-neves (m)	lumeleopard	[lumeleopart]
lince (m)	ilves	[ilʲʋes]

coiote (m)	koiott	[kojott]
chacal (m)	šaakal	[ʃa:kalʲ]
hiena (f)	hüään	[hɥææ:n]

88. Animais selvagens

animal (m)	loom	[lo:m]
besta (f)	metsloom	[metslo:m]

esquilo (m)	orav	[oraʋ]
ouriço (m)	siil	[si:lʲ]
lebre (f)	jänes	[jænes]
coelho (m)	küülik	[kɥ:lik]

texugo (m)	mäger	[mæger]
guaxinim (m)	pesukaru	[pesukaru]
hamster (m)	hamster	[hamsʲter]
marmota (f)	koopaorav	[ko:paoraʋ]

toupeira (f)	mutt	[mutt]
rato (m)	hiir	[hi:r]
ratazana (f)	rott	[rott]
morcego (m)	nahkhiir	[nahkhi:r]

arminho (m)	kärp	[kærp]
zibelina (f)	soobel	[so:belʲ]
marta (f)	nugis	[nugis]
doninha (f)	nirk	[nirk]
visom (m)	naarits	[na:rits]

castor (m)	kobras	[kobras]
lontra (f)	saarmas	[sa:rmas]
cavalo (m)	hobune	[hobune]
alce (m)	põder	[pɜder]
veado (m)	põhjapõder	[pɜhjapɜder]
camelo (m)	kaamel	[ka:melʲ]
bisão (m)	piison	[pi:son]
auroque (m)	euroopa piison	[euro:pa pi:son]
búfalo (m)	pühvel	[puhʋelʲ]
zebra (f)	sebra	[sebra]
antílope (m)	antiloop	[antilo:p]
corça (f)	metskits	[metskits]
gamo (m)	kabehirv	[kabehiru]
camurça (f)	mägikits	[mægikits]
javali (m)	metssiga	[metssiga]
baleia (f)	vaal	[ʋa:lʲ]
foca (f)	hüljes	[huljes]
morsa (f)	merihobu	[merihobu]
urso-marinho (m)	kotik	[kotik]
golfinho (m)	delfiin	[delfi:n]
urso (m)	karu	[karu]
urso (m) polar	jääkaru	[jæ:karu]
panda (m)	panda	[panda]
macaco (m)	ahv	[ahʋ]
chimpanzé (m)	šimpans	[ʃimpans]
orangotango (m)	orangutang	[orangutang]
gorila (m)	gorilla	[goriʲæ]
macaco (m)	makaak	[maka:k]
gibão (m)	gibon	[gibon]
elefante (m)	elevant	[eleʋant]
rinoceronte (m)	ninasarvik	[ninasarʋik]
girafa (f)	kaelkirjak	[kaelʲkirjak]
hipopótamo (m)	jõehobu	[jɜehobu]
canguru (m)	känguru	[kænguru]
coala (m)	koaala	[koa:la]
mangusto (m)	mangust	[mangusʲt]
chinchila (f)	tšintšilja	[tʃintʃilja]
cangambá (f)	skunk	[skunk]
porco-espinho (m)	okassiga	[okassiga]

89. Animais domésticos

gata (f)	kass	[kass]
gato (m) macho	kass	[kass]
cão (m)	koer	[koer]

cavalo (m)	hobune	[hobune]
garanhão (m)	täkk	[tækk]
égua (f)	mära	[mæra]
vaca (f)	lehm	[lehm]
touro (m)	pull	[pulʲ]
boi (m)	härg	[hærg]
ovelha (f)	lammas	[lammas]
carneiro (m)	oinas	[ojnas]
cabra (f)	kits	[kits]
bode (m)	sokk	[sokk]
burro (m)	eesel	[eːselʲ]
mula (f)	muul	[muːlʲ]
porco (m)	siga	[siga]
leitão (m)	põrsas	[pɜrsas]
coelho (m)	küülik	[kʉːlik]
galinha (f)	kana	[kana]
galo (m)	kukk	[kukk]
pata (f), pato (m)	part	[part]
pato (m)	sinikaelpart	[sinikaelʲpart]
ganso (m)	hani	[hani]
peru (m)	kalkun	[kalʲkun]
perua (f)	kalkun	[kalʲkun]
animais (m pl) domésticos	koduloomad	[koduloːmat]
domesticado (adj)	kodustatud	[kodusʲtatut]
domesticar (vt)	taltsutama	[talʲtsutama]
criar (vt)	üles kasvatama	[ʉles kasʋatama]
fazenda (f)	farm	[farm]
aves (f pl) domésticas	kodulinnud	[kodulinnut]
gado (m)	kariloomad	[kariloːmat]
rebanho (m), manada (f)	kari	[kari]
estábulo (m)	hobusetall	[hobusetalʲ]
chiqueiro (m)	sigala	[sigala]
estábulo (m)	lehmalaut	[lehmalaut]
coelheira (f)	küülikukasvandus	[kʉːlikukasʋandus]
galinheiro (m)	kanala	[kanala]

90. Pássaros

pássaro (m), ave (f)	lind	[lint]
pombo (m)	tuvi	[tuʋi]
pardal (m)	varblane	[ʋarblane]
chapim-real (m)	tihane	[tihane]
pega-rabuda (f)	harakas	[harakas]
corvo (m)	ronk	[ronk]

gralha-cinzenta (f)	vares	[ʋares]
gralha-de-nuca-cinzenta (f)	hakk	[hakk]
gralha-calva (f)	künnivares	[kʉnniʋares]

pato (m)	part	[part]
ganso (m)	hani	[hani]
faisão (m)	faasan	[faːsan]

águia (f)	kotkas	[kotkas]
açor (m)	kull	[kulʲ]
falcão (m)	kotkas	[kotkas]
abutre (m)	raisakull	[raisakulʲ]
condor (m)	kondor	[kondor]

cisne (m)	luik	[luik]
grou (m)	kurg	[kurg]
cegonha (f)	toonekurg	[toːnekurg]

papagaio (m)	papagoi	[papagoj]
beija-flor (m)	koolibri	[koːlibri]
pavão (m)	paabulind	[paːbulint]

avestruz (m)	jaanalind	[jaːnalint]
garça (f)	haigur	[haigur]
flamingo (m)	flamingo	[flamingo]
pelicano (m)	pelikan	[pelikan]

rouxinol (m)	ööbik	[øːbik]
andorinha (f)	suitsupääsuke	[suitsupæːsuke]

tordo-zornal (m)	rästas	[ræsʲtas]
tordo-músico (m)	laulurästas	[lauluræsʲtas]
melro-preto (m)	musträstas	[musʲtræsʲtas]

andorinhão (m)	piiripääsuke	[piːripæːsuke]
cotovia (f)	lõoke	[lɔoke]
codorna (f)	vutt	[ʋutt]

pica-pau (m)	rähn	[ræhn]
cuco (m)	kägu	[kægu]
coruja (f)	öökull	[øːkulʲ]
bufo-real (m)	kakk	[kakk]
tetraz-grande (m)	metsis	[metsis]
tetraz-lira (m)	teder	[teder]
perdiz-cinzenta (f)	põldpüü	[pɔlʲtpʉː]

estorninho (m)	kuldnokk	[kulʲdnokk]
canário (m)	kanaarilind	[kanaːrilint]
galinha-do-mato (f)	laanepüü	[laːnepʉː]

tentilhão (m)	metsvint	[metsʋint]
dom-fafe (m)	leevike	[leːʋike]

gaivota (f)	kajakas	[kajakas]
albatroz (m)	albatross	[alʲbatross]
pinguim (m)	pingviin	[pingʋiːn]

91. Peixes. Animais marinhos

brema (f)	latikas	[latikas]
carpa (f)	karpkala	[karpkala]
perca (f)	ahven	[ahʋen]
siluro (m)	säga	[sæga]
lúcio (m)	haug	[haug]
salmão (m)	lõhe	[lɜhe]
esturjão (m)	tuurakala	[tu:rakala]
arenque (m)	heeringas	[he:ringas]
salmão (m) do Atlântico	väärislõhe	[ʋæ:rislɜhe]
cavala, sarda (f)	skumbria	[skumbria]
solha (f), linguado (m)	lest	[lesʲt]
lúcio perca (m)	kohakala	[kohakala]
bacalhau (m)	tursk	[tursk]
atum (m)	tuunikala	[tu:nikala]
truta (f)	forell	[forelʲ]
enguia (f)	angerjas	[angerjas]
raia (f) elétrica	elektrirai	[elektrirai]
moreia (f)	mureen	[mure:n]
piranha (f)	piraaja	[pira:ja]
tubarão (m)	haikala	[haikala]
golfinho (m)	delfiin	[delfi:n]
baleia (f)	vaal	[ʋa:lʲ]
caranguejo (m)	krabi	[krabi]
água-viva (f)	meduus	[medu:s]
polvo (m)	kaheksajalg	[kaheksajalʲg]
estrela-do-mar (f)	meritäht	[meritæht]
ouriço-do-mar (m)	merisiil	[merisi:lʲ]
cavalo-marinho (m)	merihobuke	[merihobuke]
ostra (f)	auster	[ausʲter]
camarão (m)	krevett	[kreʋett]
lagosta (f)	homaar	[homa:r]
lagosta (f)	langust	[langusʲt]

92. Anfíbios. Répteis

cobra (f)	uss	[uss]
venenoso (adj)	mürgine	[murgine]
víbora (f)	rästik	[ræsʲtik]
naja (f)	kobra	[kobra]
píton (m)	püüton	[pu:ton]
jiboia (f)	boamadu	[boamadu]
cobra-de-água (f)	nastik	[nasʲtik]

| cascavel (f) | lõgismadu | [lɜgismadu] |
| anaconda (f) | anakonda | [anakonda] |

lagarto (m)	sisalik	[sisalik]
iguana (f)	iguaan	[igua:n]
varano (m)	varaan	[ʋara:n]
salamandra (f)	salamander	[salamander]
camaleão (m)	kameeleon	[kame:leon]
escorpião (m)	skorpion	[skorpion]

tartaruga (f)	kilpkonn	[kilʲpkonn]
rã (f)	konn	[konn]
sapo (m)	kärnkonn	[kærnkonn]
crocodilo (m)	krokodill	[krokodilʲ]

93. Insetos

inseto (m)	putukas	[putukas]
borboleta (f)	liblikas	[liblikas]
formiga (f)	sipelgas	[sipelʲgas]
mosca (f)	kärbes	[kærbes]
mosquito (m)	sääsk	[sæ:sk]
escaravelho (m)	sitikas	[sitikas]

vespa (f)	herilane	[herilane]
abelha (f)	mesilane	[mesilane]
mamangaba (f)	metsmesilane	[metsmesilane]
moscardo (m)	kiin	[ki:n]

| aranha (f) | ämblik | [æmblik] |
| teia (f) de aranha | ämblikuvõrk | [æmblikuʋɜrk] |

libélula (f)	kiil	[ki:lʲ]
gafanhoto (m)	rohutirts	[rohutirts]
traça (f)	liblikas	[liblikas]

barata (f)	tarakan	[tarakan]
carrapato (m)	puuk	[pu:k]
pulga (f)	kirp	[kirp]
borrachudo (m)	kihulane	[kihulane]

gafanhoto (m)	rändtirts	[rændtirts]
caracol (m)	tigu	[tigu]
grilo (m)	ritsikas	[ritsikas]
pirilampo, vaga-lume (m)	jaaniuss	[ja:niuss]
joaninha (f)	lepatriinu	[lepatri:nu]
besouro (m)	maipõrnikas	[maipɜrnikas]

sanguessuga (f)	kaan	[ka:n]
lagarta (f)	tõuk	[tɜuk]
minhoca (f)	vagel	[ʋagelʲ]
larva (f)	tõuk	[tɜuk]

FLORA

94. Árvores

árvore (f)	puu	[pu:]
decídua (adj)	lehtpuu	[lehtpu:]
conífera (adj)	okaspuu	[okaspu:]
perene (adj)	igihaljas	[igihaljas]
macieira (f)	õunapuu	[ɜunapu:]
pereira (f)	pirnipuu	[pirnipu:]
cerejeira (f)	murelipuu	[murelipu:]
ginjeira (f)	kirsipuu	[kirsipu:]
ameixeira (f)	ploomipuu	[plo:mipu:]
bétula (f)	kask	[kask]
carvalho (m)	tamm	[tamm]
tília (f)	pärn	[pærn]
choupo-tremedor (m)	haav	[ha:ʋ]
bordo (m)	vaher	[ʋaher]
espruce (m)	kuusk	[ku:sk]
pinheiro (m)	mänd	[mænt]
alerce, lariço (m)	lehis	[lehis]
abeto (m)	nulg	[nulʲg]
cedro (m)	seeder	[se:der]
choupo, álamo (m)	pappel	[pappelʲ]
tramazeira (f)	pihlakas	[pihlakas]
salgueiro (m)	paju	[paju]
amieiro (m)	lepp	[lepp]
faia (f)	pöök	[pø:k]
ulmeiro, olmo (m)	jalakas	[jalakas]
freixo (m)	saar	[sa:r]
castanheiro (m)	kastan	[kasʲtan]
magnólia (f)	magnoolia	[magno:lia]
palmeira (f)	palm	[palʲm]
cipreste (m)	küpress	[kʉpress]
mangue (m)	mangroovipuu	[mangro:ʋipu:]
embondeiro, baobá (m)	ahvileivapuu	[ahʋilejʋapu:]
eucalipto (m)	eukalüpt	[eukalʉpt]
sequoia (f)	sekvoia	[sekʋoja]

95. Arbustos

arbusto (m)	põõsas	[pɜ:sas]
arbusto (m), moita (f)	põõsastik	[pɜ:sasʲtik]

| videira (f) | viinamarjad | [ʋi:namarjat] |
| vinhedo (m) | viinamarjaistandus | [ʋi:namarjaisʲtandus] |

framboeseira (f)	vaarikas	[ʋa:rikas]
groselheira-negra (f)	mustsõstra põõsas	[musʲt sɜsʲtra pɜ:sas]
groselheira-vermelha (f)	punane sõstar põõsas	[punane sɜsʲtar pɜ:sas]
groselheira (f) espinhosa	karusmari	[karusmari]

acácia (f)	akaatsia	[aka:tsia]
bérberis (f)	kukerpuu	[kukerpu:]
jasmim (m)	jasmiin	[jasmi:n]

junípero (m)	kadakas	[kadakas]
roseira (f)	roosipõõsas	[ro:sipɜ:sas]
roseira (f) brava	kibuvits	[kibuʋits]

96. Frutos. Bagas

fruta (f)	puuvili	[pu:ʋili]
frutas (f pl)	puuviljad	[pu:ʋiljat]
maçã (f)	õun	[ɜun]
pera (f)	pirn	[pirn]
ameixa (f)	ploom	[plo:m]

morango (m)	aedmaasikas	[aedma:sikas]
ginja (f)	kirss	[kirss]
cereja (f)	murel	[murelʲ]
uva (f)	viinamarjad	[ʋi:namarjat]

framboesa (f)	vaarikas	[ʋa:rikas]
groselha (f) negra	must sõstar	[musʲt sɜsʲtar]
groselha (f) vermelha	punane sõstar	[punane sɜsʲtar]
groselha (f) espinhosa	karusmari	[karusmari]
oxicoco (m)	jõhvikas	[jɜhʋikas]

laranja (f)	apelsin	[apelʲsin]
tangerina (f)	mandariin	[mandari:n]
abacaxi (m)	ananass	[ananass]

| banana (f) | banaan | [bana:n] |
| tâmara (f) | dattel | [dattelʲ] |

limão (m)	sidrun	[sidrun]
damasco (m)	aprikoos	[apriko:s]
pêssego (m)	virsik	[ʋirsik]

| quiuí (m) | kiivi | [ki:ʋi] |
| toranja (f) | greip | [grejp] |

baga (f)	mari	[mari]
bagas (f pl)	marjad	[marjat]
arando (m) vermelho	pohlad	[pohlat]
morango-silvestre (m)	maasikas	[ma:sikas]
mirtilo (m)	mustikas	[musʲtikas]

97. Flores. Plantas

flor (f)	lill	[lilʲ]
buquê (m) de flores	lillekimp	[lilʲekimp]
rosa (f)	roos	[ro:s]
tulipa (f)	tulp	[tulʲp]
cravo (m)	nelk	[nelʲk]
gladíolo (m)	gladiool	[gladio:lʲ]
centáurea (f)	rukkilill	[rukkililʲ]
campainha (f)	kellukas	[kelʲukas]
dente-de-leão (m)	võilill	[ʋ3ililʲ]
camomila (f)	karikakar	[karikakar]
aloé (m)	aaloe	[a:loe]
cacto (m)	kaktus	[kaktus]
fícus (m)	kummipuu	[kummipu:]
lírio (m)	liilia	[li:lia]
gerânio (m)	geraanium	[gera:nium]
jacinto (m)	hüatsint	[hʉatsint]
mimosa (f)	mimoos	[mimo:s]
narciso (m)	nartsiss	[nartsiss]
capuchinha (f)	kress	[kress]
orquídea (f)	orhidee	[orhide:]
peônia (f)	pojeng	[pojeng]
violeta (f)	kannike	[kannike]
amor-perfeito (m)	võõrasemad	[ʋ3:rasemat]
não-me-esqueças (m)	meelespea	[me:lespea]
margarida (f)	margareeta	[margare:ta]
papoula (f)	moon	[mo:n]
cânhamo (m)	kanep	[kanep]
hortelã, menta (f)	piparmünt	[piparmʉnt]
lírio-do-vale (m)	maikelluke	[maikelʲuke]
campânula-branca (f)	lumikelluke	[lumikelʲuke]
urtiga (f)	nõges	[n3ges]
azedinha (f)	hapuoblikas	[hapuoblikas]
nenúfar (m)	vesiroos	[ʋesiro:s]
samambaia (f)	sõnajalg	[s3najalʲg]
líquen (m)	samblik	[samblik]
estufa (f)	kasvuhoone	[kasʋuho:ne]
gramado (m)	muru	[muru]
canteiro (m) de flores	lillepeenar	[lilʲepe:nar]
planta (f)	taim	[taim]
grama (f)	rohi	[rohi]
folha (f) de grama	rohulible	[rohulible]

folha (f)	leht	[leht]
pétala (f)	õieleht	[ȝieleht]
talo (m)	vars	[ʋars]
tubérculo (m)	sibul	[sibulʲ]

broto, rebento (m)	idu	[idu]
espinho (m)	okas	[okas]

florescer (vi)	õitsema	[ȝitsema]
murchar (vi)	närtsima	[nærtsima]
cheiro (m)	lõhn	[lȝhn]
cortar (flores)	lõikama	[lȝikama]
colher (uma flor)	murdma	[murdma]

98. Cereais, grãos

grão (m)	vili	[ʋili]
cereais (plantas)	teraviljad	[teraʋiljat]
espiga (f)	kõrs	[kȝrs]

trigo (m)	nisu	[nisu]
centeio (m)	rukis	[rukis]
aveia (f)	kaer	[kaer]
painço (m)	hirss	[hirss]
cevada (f)	oder	[oder]

milho (m)	mais	[mais]
arroz (m)	riis	[ri:s]
trigo-sarraceno (m)	tatar	[tatar]

ervilha (f)	hernes	[hernes]
feijão (m) roxo	aedoad	[aedoat]
soja (f)	soja	[soja]
lentilha (f)	lääts	[lʲæ:ts]
feijão (m)	põldoad	[pȝlʲdoat]

PAÍSES DO MUNDO

99. Países. Parte 1

Afeganistão (m)	Afganistan	[afganis'tan]
África (f) do Sul	Lõuna-Aafrika Vabariik	[lɜuna-a:frika ʋabari:k]
Albânia (f)	Albaania	[al'ba:nia]
Alemanha (f)	Saksamaa	[saksama:]
Arábia (f) Saudita	Saudi Araabia	[saudi ara:bia]
Argentina (f)	Argentiina	[argenti:na]
Armênia (f)	Armeenia	[arme:nia]
Austrália (f)	Austraalia	[aus'tra:lia]
Áustria (f)	Austria	[aus'tria]
Azerbaijão (m)	Aserbaidžaan	[aserbaidʒa:n]
Bahamas (f pl)	Bahama saared	[bahama sa:ret]
Bangladesh (m)	Bangladesh	[bangladesh]
Bélgica (f)	Belgia	[bel'gia]
Belarus	Valgevenemaa	[ʋal'geʋenema:]
Bolívia (f)	Boliivia	[boli:ʋia]
Bósnia e Herzegovina (f)	Bosnia ja Hertsegoviina	[bosnia ja hertsegoʋi:na]
Brasil (m)	Brasiilia	[brasi:lia]
Bulgária (f)	Bulgaaria	[bul'ga:ria]
Camboja (f)	Kambodža	[kambodʒa]
Canadá (m)	Kanada	[kanada]
Cazaquistão (m)	Kasahstan	[kasahs'tan]
Chile (m)	Tšiili	[tʃi:li]
China (f)	Hiina	[hi:na]
Chipre (m)	Küpros	[kʉpros]
Colômbia (f)	Kolumbia	[kolumbia]
Coreia (f) do Norte	Põhja-Korea	[pɜhja-korea]
Coreia (f) do Sul	Lõuna-Korea	[lɜuna-korea]
Croácia (f)	Kroaatia	[kroa:tia]
Cuba (f)	Kuuba	[ku:ba]
Dinamarca (f)	Taani	[ta:ni]
Egito (m)	Egiptus	[egiptus]
Emirados Árabes Unidos	Araabia Ühendemiraadid	[ara:bia ʉhendemira:dit]
Equador (m)	Ecuador	[ekuador]
Escócia (f)	Šotimaa	[ʃotima:]
Eslováquia (f)	Slovakkia	[sloʋakkia]
Eslovênia (f)	Sloveenia	[sloʋe:nia]
Espanha (f)	Hispaania	[hispa:nia]
Estados Unidos da América	Ameerika Ühendriigid	[ame:rika ʉhendri:git]
Estônia (f)	Eesti	[e:s'ti]
Finlândia (f)	Soome	[so:me]
França (f)	Prantsusmaa	[prantsusma:]

100. Países. Parte 2

Gana (f)	Gaana	[ga:na]
Geórgia (f)	Gruusia	[gru:sia]
Grã-Bretanha (f)	Suurbritannia	[su:rbritannia]
Grécia (f)	Kreeka	[kre:ka]
Haiti (m)	Haiiti	[hai:ti]
Hungria (f)	Ungari	[ungari]
Índia (f)	India	[india]
Indonésia (f)	Indoneesia	[indone:sia]
Inglaterra (f)	Inglismaa	[inglisma:]
Irã (m)	Iraan	[ira:n]
Iraque (m)	Iraak	[ira:k]
Irlanda (f)	Iirimaa	[i:rima:]
Islândia (f)	Island	[islant]
Israel (m)	Iisrael	[i:saelʲ]
Itália (f)	Itaalia	[ita:lia]
Jamaica (f)	Jamaika	[jamaika]
Japão (m)	Jaapan	[ja:pan]
Jordânia (f)	Jordaania	[jorda:nia]
Kuwait (m)	Kuveit	[kuʋejt]
Laos (m)	Laos	[laos]
Letônia (f)	Läti	[lʲæti]
Líbano (m)	Liibanon	[li:banon]
Líbia (f)	Liibüa	[li:bʉa]
Liechtenstein (m)	Liechtenstein	[lihtenʃtejn]
Lituânia (f)	Leedu	[le:du]
Luxemburgo (m)	Luxembourg	[luksembourg]
Macedônia (f)	Makedoonia	[makedo:nia]
Madagascar (m)	Madagaskar	[madagaskar]
Malásia (f)	Malaisia	[malaisia]
Malta (f)	Malta	[malʲta]
Marrocos	Maroko	[maroko]
México (m)	Mehhiko	[mehhiko]
Birmânia (f)	Mjanma	[mjanma]
Moldávia (f)	Moldova	[molʲdoʋa]
Mônaco (m)	Monaco	[monako]
Mongólia (f)	Mongoolia	[mongo:lia]
Montenegro (m)	Montenegro	[montenegro]
Namíbia (f)	Namiibia	[nami:bia]
Nepal (m)	Nepal	[nepalʲ]
Noruega (f)	Norra	[norra]
Nova Zelândia (f)	Uus Meremaa	[u:s merema:]

101. Países. Parte 3

Países Baixos (m pl)	Madalmaad	[madalʲma:t]
Palestina (f)	Palestiina autonoomia	[palesʲti:na autono:mia]

Panamá (m)	Panama	[panama]
Paquistão (m)	Pakistan	[pakisⁱtan]
Paraguai (m)	Paraguai	[paraguai]
Peru (m)	Peruu	[peru:]
Polinésia (f) Francesa	Prantsuse Polüneesia	[prantsuse polʉne:sia]

Polônia (f)	Poola	[po:la]
Portugal (m)	Portugal	[portugalʲ]
Quênia (f)	Keenia	[ke:nia]
Quirguistão (m)	Kõrgõzstan	[kɜrgɜsⁱtan]
República (f) Checa	Tšehhia	[tʃehhia]
República Dominicana	Dominikaani Vabariik	[dominika:ni ʋabari:k]
Romênia (f)	Rumeenia	[rume:nia]

Rússia (f)	Venemaa	[ʋenema:]
Senegal (m)	Senegal	[senegalʲ]
Sérvia (f)	Serbia	[serbia]
Síria (f)	Süüria	[sʉ:ria]
Suécia (f)	Rootsi	[ro:tsi]
Suíça (f)	Šveits	[ʃʋejts]
Suriname (m)	Suriname	[suriname]

Tailândia (f)	Tai	[tai]
Taiwan (m)	Taivan	[taiʋan]
Tajiquistão (m)	Tadžikistan	[tadʒikisⁱtan]
Tanzânia (f)	Tansaania	[tansa:nia]
Tasmânia (f)	Tasmaania	[tasma:nia]
Tunísia (f)	Tuneesia	[tune:sia]
Turquemenistão (m)	Türkmenistan	[tʉrkmenisⁱtan]

Turquia (f)	Türgi	[tʉrgi]
Ucrânia (f)	Ukraina	[ukraina]
Uruguai (m)	Uruguai	[uruguai]
Uzbequistão (f)	Usbekistan	[usbekisⁱtan]
Vaticano (m)	Vatikan	[ʋatikan]
Venezuela (f)	Venetsueela	[ʋenetsue:la]
Vietnã (m)	Vietnam	[ʋietnam]
Zanzibar (m)	Sansibar	[sansibar]